KLARTEXT

Eva-Nadine Wunderlich

HOCH HINAUS

Familienausflüge im
Naturpark Rothaargebirge

Eva-Nadine Wunderlich

wurde 1976 in Siegen geboren, studierte Germanistik, Kommunikationswissenschaft und Soziologie in Essen und arbeitet seit 2005 als freie Texterin. 2010 zog sie mit ihrem Mann und den zwei Töchtern aus dem Ruhrgebiet an den Platz ihrer Kindheit und Jugend, einen Siegerländer Ort mit Blick auf den Naturpark Rothaargebirge. Ihr Faible für die Themen Familie, Freizeit und Tourismus hat sie mitgenommen. „Hoch hinaus" ist das Ergebnis einer spannenden Exkursion durch die Heimatregion. Bei ihrer Reise hat sie Altbekanntes wiedergefunden und unglaublich viel Neues entdeckt – aus ihrer Begeisterung wurde dieser Familienfreizeitführer.

Danke an Mona, Karla und Axel – und all die anderen Unterstützer und Begleiter.

IMPRESSUM

1. Auflage Mai 2012

Satz und Layout: Achim Nöllenheidt
Umschlaggestaltung und Karte: Volker Pecher
Druck und Bindung: Griebsch & Rochol Druck, Hamm

© Klartext Verlag, Essen 2012
ISBN 978-3-8375-0559-7

KLARTEXT   info@klartext-verlag.de, www.klartext-verlag.de

INHALT

>> ECHT SEHENSWERT

>> ECHT ABENTEUER

Vorwort

Platt gesprochen: Ge Morje, Tach und Schur. Bitte fertigmachen für die Exkursion quer durch den Naturpark Rothaargebirge. Ich möchte Sie gerne mitnehmen. Zu sehenswerten Orten und ungewöhnlichen Angeboten im Hochsauerland, Südsauerland, nördlichen Siegerland und Wittgensteiner Land. Dort war ich mit Kind und Kegel durch die Jahreszeiten unterwegs. Mit der Idee, möglichst viele familienfreundliche Ziele für Urlauber, Tagesgäste und auch Einheimische aufzuspüren. Am Ende war ich nach Sauerländer Manier „vonne Socken".

Anders gesagt: Die Auswahl der Beiträge fiel nicht leicht. Unsere Entdeckungsreise hat uns tief hinein und hoch hinaus in die bewegende Natur-, Sport- und Freizeitlandschaft des Naturparks geführt. Wir haben Tradition und Geschichte erfahren, wahre Natur genossen und Abenteuer bestanden. Mehr davon wird in diesem Buch verraten: In den Kapiteln „Echt Natur", „Echt sehenswert" und „Echt Abenteuer" finden sich über 75 Ideen und Tipps für Familienausflüge bei Wind und Wetter – da ist mancher Geheimtipp dabei, der erstmals in einem Freizeitführer präsentiert wird. Das möchte ich Ihnen nicht vorenthalten: Viele Angebote sind kostenlos oder mit einem geringen Eintrittsgeld verbunden.

Ebenfalls prima: So unterschiedlich regionale Dialekte und Bräuche im Naturpark sein mögen, so nah liegen Städte und Gemeinden der Kreise „HSK", „OE" und „SI" beieinander: Diese geografische Gegebenheit habe ich genutzt: In meinem Erlebnisführer werden Freizeitmöglichkeiten nicht nur gebündelt, sondern ohne kommunale Grenzen vernetzt. Das Prinzip ist denkbar einfach: In jedem Text gebe ich Ihnen ohne Umschweife Kombinationsvorschläge, Tipps, Adressen und Hintergrundinformationen für weitere Unternehmungen im nahen Umfeld. Diese Hinweise sind farbig markiert. Zusätzlich finden Sie unter jedem Beitrag die Orte, die im Umkreis von 12 km liegen und in diesem Buch separat besprochen werden. Ein Blick ins Register führt auf die entsprechenden Seiten. Apropos Register: Ausflugsziele und Stichworte finden sich unter der jeweiligen Stadt oder Gemeinde. So werden auch die fündig, die spontan an einem Ort unterwegs sind und wissen möchten, was sie vor Ort erleben können. Und wer seine Unternehmungen lieber nach der aktuellen Wetterlage plant, entdeckt am Ende der Liste viele Winter-, Gut-Wetter- und Allwettertipps. So können Sie sich Ihre ganz persönliche Route ohne langes Recherchieren bequem zusammenstellen.

Bei all Ihren Planungen beachten Sie bitte, dass manche Angebote, insbesondere kleinere Museen, nicht täglich geöffnet haben oder ein Termin vereinbart werden muss. So kann es gelegentlich vorkommen, dass Sie zwei benachbarte Attraktionen nicht an einem Tag besuchen können. Die Info-Kästen geben Ihnen einen schnellen Überblick über Öffnungszeiten und Extras.

Fest steht auf jeden Fall: Dieses Buch ist ein Reiseführer, der zu Unternehmungen anregt und – dies betone ich hier gerne – Ihnen Vorschläge für Ausflüge mit Kindern gibt, die auf eigenen Erlebnissen basieren. Alle Tipps und Anregungen wie Altersempfehlungen oder Wegbeschreibungen beruhen auf den Erfahrungen, die wir beim Schauen und Testen an Ort und Stelle gesammelt haben. Ein Wittgensteiner Spruch fragt: „Muss ma dao alles, was man wäeß, bräed dreare?" Ich meine ja. Denn alles, was ich herausgefunden habe, trete ich mehr als gerne an Sie breit.

Stellt sich nur noch die Frage: Was möchten Sie zuerst erleben? Was es auch sein wird, ich wünsche Ihnen eine gute Zeit und viel Spaß bei all Ihren Ausflügen.

Nodda. Auf Wiedersehen im Naturpark Rothaargebirge.

Eva-Nadine Wunderlich

LEN

B480

Brilon

Willingen

Niedersfeld

Ruhr

Bödefeld

Küstelberg

Düdinghausen

Referinghausen

Elkeringhausen

Altastenberg

Winterberg

Medebach

Kahler Asten
841m

Neuastenberg

olthausen

B236

Langewiese

Dreislar

rafschaft

Hoheleye

Züschen

Schanze

rop

Hallenberg

Kühhude

Girkhausen

B480

B236

GE

Wemlighausen

Bad Berleburg

Raumland

Arfeld

HESSEN

Eder

Niederlaasphe

Bad Laasphe

Banfe

Wisent Welt

☆ **Informationen**

Trägerverein Wisent-Welt

Wittgenstein e.V.

Geschäftsstelle und

Wisent-Erlebnisausstellung

Poststraße 40, Landratsvilla

neben dem Rathaus

57319 Bad Berleburg

Tel. 02751/9205535

www.wisent-welt.de

Öffnungszeiten: Di, Mi 10-16 Uhr,

Gruppen nach Vereinbarung

An Geschichte, Leben und Zukunft der vom Aussterben bedrohten Wildrinder. Und einem umfangreichen Artenschutz-programm Denn: Seit Frühjahr 2010 lebt eine echte Wisentherde in einem abge-schiedenen Bad Berleburger Waldge-biet. Die Tiere sind die Stars des Auswil-derungsprojektes und der begleitenden Erlebnisausstellung. In der Landratsvilla lernt man sie näher kennen. Zahlreiche Fotos und Filme entführen in ihre Welt. Etliche Hintergrundinformationen lüften Details über „Queen vom Rothaarsteig", „Horno", „Gutelaune" und die anderen. Ihre Art wird beim Rundgang ausgiebig und anschaulich beleuchtet. Wer den Nummern der fünfzehn Schautafeln folgt, ist auf dem „Weg der Wisente". Sta-tion für Station erfährt man mehr über Historie, Lebensräume, Eigenheiten und Wiederansiedlung des Europäischen Bison. Echte Exponate und interaktive

Hier steckt das Wisent im Detail: Selbst die Gardinen präsentieren transparente Bilder der größten Landsäugetiere Euro-pas. Das gehört zum Konzept dazu: Be-sucher sollen und können nah dran sein.

Auf dem „Weg der Wisente"

Die Erlebnisausstellung gibt Ein- und Ausblicke

Echte Wisente in der „Wisent-Wildnis am Rothaarsteig"

Elemente liegen an der Strecke: ein wahrlich imposantes, wenn auch präpariertes Wisentexemplar, Knochen und Zähne, Kisten mit Inhalt zum Ertasten und einige PC-Terminals. Toll für Kinder, die noch nicht lesen können: Hier können sie Wisent-Memory spielen und Videos schauen. Am Ende lohnt der Blick auf einen Monitor allemal: Beim Quiz zeigt sich, wer die Texte genügend studiert hat. Am Ergebnisterminal gibt's die Antwort zum Ausdrucken. Alles in allem: Die Ausstellung macht Lust auf echtes Wisent-Erleben. Das wird möglich sein. Der ...

... Tipp: Die Erlebnisausstellung ist nur ein Teil der Idee, die Welt der Wisente erlebbar zu machen. Die „Wisent-Wildnis am Rothaarsteig" wird vermutlich im Sommer 2012 eröffnet. In naturbelassener Umgebung in Bad Berleburg-Wingeshausen werden Besucher so richtig auf Tuchfühlung gehen können. Theore-

tisch und praktisch. Die Ausstellung findet sich dann im Eingangsbereich, echte Wisente im Schaugehege. Extras inbegriffen: Der Rundweg mit „Menschentunnel" verspricht tolle Ausblicke auf die „Könige der Wälder". Weitere Erlebnisstationen wie Gastronomie und Aussichtsplattform sind in Planung. Sie sollen Schritt für Schritt in den kommenden Jahren umgesetzt werden. Die Internetpräsenz informiert über den Stand der Dinge.

>> **In der Nähe**
Drehkoite Girkhausen, Hängebrücke Kühhude, Hof Espe, Modellbahnschau, Rothaarbad, Rothaar Lamas, Schieferschaubergwerk, Schloss, Schmiedemuseum Arfeld (Bad Berleburg)

In See stechen, mit Lamas spazieren gehen oder durch geheimnisvollen Forst flitzen

Rothaar Lamas

☆ **Informationen**
Ev. Freizeitzentrum Wemlighausen
Am Wernsbach 1 (einige hundert Meter nach Ortsausgang rechts Richtung „Freizeitzentrum", die Straße ist nicht als „Am Wernsbach" ausgeschildert)
57319 Bad Berleburg
Tel. 02751/3772
www.fz-wemlighausen.de

Sie heißen Herr Nilsson, Pepone und Pünktchen. Chicolino, Listero und Mikesch. Außerdem Camillo, Luan und Nevio Barquero. Merlin nicht zu vergessen. Zusammen sind sie die ungewöhnlichste und vielleicht auch einzige Männer-WG in Wemlighausen. Wer sie treffen möchte, findet sie im Evangelischen Freizeitzentrum. Dort wohnen die scheuen, aber unternehmungslustigen Lamas, die sich von Besuchern gerne verwöhnen lassen. Das gehört nach Buchung eines erlebnispädagogischen Angebots einfach dazu: Unter Anleitung der Trainer können Kinder und Erwachsene mit den Tieren auf Tuchfühlung gehen und ihre Spezies

näher kennenlernen. Sie dürfen sie streicheln, füttern und bürsten. Fein gemacht, gehalftert und gesattelt, können weitere Bewegungs- und Naturerlebnisse beginnen. Eine Wanderung mit Ziel. Ein Spaziergang mit Hindernissen. Eine mehrtägige Trekkingtour mit Gepäck und Verpflegung. Es gibt viele Möglichkeiten, Seite an Seite Aufgaben zu meistern und Hürden zu überwinden. Alles in allem: Ein spannendes Abenteuer für den nächsten Kindergeburtstag, die Gruppenexkursion oder den Familienausflug. Die Programmpunkte werden nach Wunsch, Laune und Alter der Teilnehmer individuell abgestimmt.

Tipp: Das weitläufige Gelände des Freizeitzentrums ist ein wahrer **Natur- und Waldspielplatz**. Hier kann man durch „aufgeräumten", aber geheimnisvollen Forst flitzen, versteckte Schaukeln, Balancier- und Turnstangen entdecken, Minigolf spielen, bolzen, Wassertreten, mit dem Floß in flache See stechen, u.v.m. Das Tolle: Das Ganze ist frei zugänglich. Einfach Decke und Proviant mitbringen und an einem gemütlichen Fleckchen niederlassen. Wer an den Lama-Weiden picknickt, hat einen guten Blick aufs tierische Geschehen. Sanitäre Anlagen und Informationen zum Angebot gibt es im Hauptgebäude „Jerusalem".

>> **In der Nähe**
Drehkoite Girkhausen, Hängebrücke Kühhude, Hof Espe, Modellbahnschau, Rothaarbad, Schieferschaubergwerk, Schloss, Schmiedemuseum Arfeld, Wisent Welt (Bad Berleburg)

HALLENBERG

Naturbad

⭐ **Informationen**

Naturbad Hallenberg

Nuhnestraße 32

59969 Hallenberg

Tel. 02984/929066

www.naturbad-hallenberg.de

Öffnungszeiten: in der Freibadsaison bei guter Witterung täglich 10-19 Uhr

Natürlich baden und ein Stück Karibik erleben. Der Effekt liegt in den Tiefen des Naturbads verborgen. Es sind grüne Folien, die dem Wasser die tropische Note verleihen. Kleiner Trick, große Wirkung. Wer abtaucht, wird überrascht sein. Das Wasser ist widererwartend ganz schön erfrischend. Es wird aus der nahen Nuhne abgeleitet – mit dem Ergebnis, dass Gäste hier ganz einfach ohne Chlor

Ein Stück Karibik mitten in Hallenberg

und Chemie in natürlicher Umgebung baden können: Sie wandeln über Holzstege, springen von Sprungbergen, entspannen auf grüner Liegewiese oder re-

laxen am Sandstrand. Der feine Sand begeistert – insbesondere jüngere Kinder. Sand- und Wasserspielzeug bitte nicht vergessen. Das kann dann auch im Planschbecken zum Einsatz kommen. Da gibt es ein Sonnensegel, sprudelnde Felsen, einen Matschtisch und natürlich weiteren Sand. Der Kiosk watet mit Eis, Frikandeln, Pommes & Co auf.

Tipp: Nach Vereinbarung öffnet Landwirtfamilie Franke die Türen zu „**Rocky's Hof**" (s. S. 18). Dort gibt es echte Schweine, Geflügel und Details zum Arbeitsalltag. Hat die Familie Zeit, führt sie gerne übers Gelände.

>> **In der Nähe**
Eishäuschen, Freilichtbühne (Hallenberg), Medebacher Bucht, Schwerspatmuseum (Medebach), Borgs Scheune (Winterberg)

HALLENBERG

Rocky's Hof

> ☆ **Informationen**
>
> Rocky's Hof
> Heribertstraße 4
> 59969 Hallenberg
> Tel. 02984/8770
> www.rockys-hof.de

Vorhang auf fürs Schweinekino. Aber Vorsicht: Die Vorstellung ist schweinisch interessant. Bei Landwirt „Rocky" alias Reinhard Franke sind alle richtig, die einen Blick auf echte Schweine werfen, or-

dentlich Stallluft schnuppern und ein Stück in Landwirtschaft und Tierzucht eintauchen möchten. Im kleinen Stall sind durchschnittlich 20 Schweine zuhause. Eine überschaubare Anzahl, da der Hof nebenberuflich bewirtschaftet wird. Dennoch: Viel Zeit für Müßiggang bleibt nicht. Bei einer Führung werden Details der täglichen Arbeit gelüftet. Der Gang übers Gelände führt nicht nur durch die Stallungen, sondern auch an diversen Gerätschaften und manchem Geflügel vorbei. Auf diesem Weg darf man Fragen stellen. Zum Getreide- und Kartoffelanbau, zum Weiden und Heuen, zur Brennholzgewinnung, zur Tierhaltung, und, und, und. Termine werden in-

Bei einer Führung geht's in den Schweinestall

Kreatives Bauernhofambiente

Gänse gehören zum Hof dazu

Stücke eines Baumstamms, die je nach Größe und Beschneidung zwischen einer und acht Stunden brennen. Toll für die nächste Gartenparty. Der Verkauf von Sauerländer Kartoffel-, Fleisch- und Wurstspezialitäten oder Brennholz ist saisonal bedingt. Mehr Informationen zum Angebot stehen im Internet. Über das Bestellformular können Erdfrüchte, Steaks, Schinken und vieles andere bequem angefragt werden.

dividuell vereinbart. Bitte beachten: Die Stallungen liegen außerhalb von Hallenberg, also nicht unmittelbar am Hof. Der Weg dahin wird natürlich erklärt.

Tipp: Das gibt es direkt auf Rocky's Hof: Eier, Honig, Wein und Schweden-Feuer. Dahinter verbergen sich getrocknete

>> **In der Nähe**
Eishäuschen, Freilichtbühne, Naturbad (Hallenberg), Medebacher Bucht, Schwerspatmuseum (Medebach), Borgs Scheune (Winterberg)

HILCHENBACH

Windwanderweg

☆ **Informationen**
Bürgerwindpark
Parkplatz „Hilchenbacher
Windwanderweg" an der
Wilhelm-Münker-Straße
57271 Hilchenbach
www.hilchenbach.de
(Rubriken: Tourismus, Wandern)

Hui – hoch oben auf den Hilchenbacher Höhen drehen fünf Windräder harmonisch ihre Runden. Bei einer rund 4,5 km langen Wanderung durch Wald und Bürgerwindpark lassen sich die 180 m hohen Giganten prima aus nächster Nähe begutachten. Das ist ganz schön imposant. An jeder Anlage gibt es eine Schautafel mit Informationen rund

Auf diesem Weg dreht sich alles um die Naturkraft „Wind"

Imposant: Die Windräder sind ganze 180 Meter hoch

um die Nutzung der Naturkraft „Wind". Die Strecke ist als Rundweg konzipiert und mit einem geländetauglichen Kinderwagen gut zu bewältigen. Weiße, stilisierte Windräder auf schwarzem Grund weisen den Weg. Das Faltblatt zum Weg steht im Internet.

Tipps für danach: Im Park hinter der AHG Klinik für Neurologie findet sich ein kleiner **Mehrgenerationenspielplatz** mit Barfußpfad am Bach. Mehr Abkühlung gibt es im **Freibad** direkt nebenan (Tel. 02733/7772, ⏲ in der Badesaison: Mo-Fr 11-19 Uhr, Sa, So, feiertags 9-19 Uhr). Angrenzend ist eine **Minigolfanlage** (Service-Nr.: 0174/6636219, ⏲ bei gutem Wetter: April bis Ende Herbstferien Mo-Fr 15-20 Uhr; Sa, So, feiertags 12-20 Uhr). Für diese Tipps am Freibad neben der Klinik parken (Ferndorfstraße 14).
An der Hilchenbacher Straße liegt ein größerer Spielplatz. Direkt davor ist der Parkplatz „Herrenwiese" (gegenüber der Feuerwehr, Höhe Hausnummer 16). Prima: Hinter dem Spielplatz beginnt rechter Hand ein Fußweg zum historischen Markt mit Einkehrmöglichkeiten.

>> **In der Nähe**
Bergbauwüstung Altenberg, Breitenbachtalsperre, Internatsmuseum, Freizeitgebiet „Ginsberger Heide", Naturfreibad Müsen, Stadt-Wald-Wanderungen, Stahlberger Erbstollen (Hilchenbach), Heimatmuseum Ferndorf, Waldspielplatz (Kreuztal), Kleiner Tierpark „Zum Hasenbahnhof" (Kirchhundem)

HILCHENBACH

Stadt-Wald-Wanderungen

⭐ **Informationen**

Stadt Hilchenbach

Touristik-Information

Markt 13

57271 Hilchenbach

Tel. 02733-288133

www.hilchenbach.de

(Rubriken: Tourismus, Wandern,

Tourentipps, Hilchenbacher Höhenring

oder Natur-Lernpfad)

Öffnungszeiten Mo-Mi 7-16.30 Uhr,

Do 7-18 Uhr, Fr 7-12.30 Uhr

Kurz oder lang? Bei schlechtem oder gutem Wetter? Durch Stadt oder Wald? In Hilchenbach haben Wanderfreunde die Wahl, nach Lust, Laune und Wetterlage auf Wanderschaft zu gehen. Auf der stadteigenen Internetpräsenz werden Vorschläge für Spaziergänge und Wanderungen rund um die Stadt am Rothaarsteig präsentiert. Ideal für die Vorbereitung: Alle Streckentipps sind zum Herunterladen und Ausdrucken. Kleinere Wanderungen finden sich auch in der Broschüre **„Hilchenbacher Höhenring"**, die ebenfalls im Netz zu finden ist. Darin werden acht verschiedene Wege vom Hilchenbacher Marktplatz zum Höhenring und zurück vorgestellt. Für wanderfreudige Familien empfiehlt sich der **Kulturhistorische Lernpfad**, der auch ein Naturlehrpfad ist. Auf 6,7 km berichten zahlreiche Tafeln von Flora und Fauna sowie vom Leben und Arbeiten der Menschen im Oberen Dreisbachtal. Schöne Landschaften und Fernblicke inklusive. Am Sportplatz Ruckersfeld findet sich eine überdachte Möglichkeit zum Grillen. Wer nicht die komplette Strecke lau-

„H" wie „Hilchenbacher Höhenring"

Herbstwanderung

„Kulturhistorischer Lernpfad" – nur ein Weg von vielen in Hilchenbach

fen möchte, kann abkürzen. Kindertrage oder gut bereifter Kinderwagen sind empfehlenswert. Der Flyer findet sich ebenfalls im Internet. Startpunkt: Wanderparkplatz „Oberbach", an der L 728 zwischen Hilchenbach und Netphen-Herzhausen, direkt an der Abzweigung nach Ruckersfeld/Oechelhausen. Infos: www.ruckersfeld.de

Übrigens: Einige Wanderungen starten am Hilchenbacher Markplatz. Dort befindet sich in der Wilhelmsburg das **Stadtmuseum**. Das Heimatmuseum präsentiert regionale Geschichte, wechselnde Ausstellungen sowie die Dauerausstellung „Seiffener Stube". Neben Exponaten aus dem Spielzeugmuseum dokumentieren Schautafeln Wissenswertes rund um das Kunsthandwerk aus der Gemeinde Seiffen im Erzgebirge.

Kontakt: Im Burgweiher 1, 57271 Hilchenbach, Tel. 02733/288260, www.hilchenbach.de (Rubriken: Bildung & Kultur, Museen) ☉ Mo 14-19 Uhr, Di, Do 14-17 Uhr, Mi, Fr 10-12 Uhr sowie 14-17 Uhr, So 14-17 Uhr.

>> **In der Nähe**

Bergbauwüstung Altenberg, Breitenbachtalsperre, Internatsmuseum, Freizeitgebiet „Ginsberger Heide", Naturfreibad Müsen, Stahlberger Erbstollen, Windwanderweg (Hilchenbach), Heimatmuseum Ferndorf, Waldspielplatz (Kreuztal), Freizeitpark, Heimatmuseum (Netphen), Kleiner Tierpark „Zum Hasenbahnhof" (Kirchhundem)

HILCHENBACH-ALLENBACH

Breitenbachtalsperre

☆ **Informationen**

Breitenbachtalsperre

Parkplätze: an der Breitenbacher

Straße oder Talsperrenstraße 46

57271 Hilchenbach

www.wvsw.de

(Rubrik: Trinkwassergewinnung)

Bild S. 27: Für Sportler – Kalorienpfad mit zehn Fitnessstationen

Hier geht's rum: zu Fuß, per Velo, mit den Rollerblades ...

Die Talsperre, die 1956 als regionale Trinkwasseraufbereitungsanlage Eröffnung feierte, lässt sich auf diverse Arten erkunden. Zu Fuß, per Velo, mit den Rollerblades. Verschiedene kinderwagenfreundliche Wege von 2,5 bis 5,5 km Länge führen direkt am Wasser entlang oder einmal um die Talsperre herum. Interessante Einblicke gewährt der Infoweg des regionalen Wasserverbandes. Unter dem Motto „Wasser für die Region Siegerland-Wittgenstein" präsentieren die fünf Stationen entlang des Dammes Wissenswertes über die Trinkwasserversorgung und die Talsperre. Für Familien mit älteren Kindern ist der 7 km lange **Kalorienpfad** abseits des asphaltierten Uferweges eine sportliche Herausforderung. Für Kurzweil stehen unterwegs

zehn Fitnessstationen wie Bein- und Bauchtrainer, Fahrräder oder Balancierstangen bereit. Infos und Flyer-Download: Tel. 02733/288-133, www.hilchenbach.de (Rubriken: Tourismus, Wandern). Eine Übersicht über alle Wege geben die Karten an den Wanderparkplätzen.

Apropos parken: Wer unterhalb des Dammes in der Breitenbacher Straße parkt, muss zwar 300 m zur Talsperre hinauf laufen, kommt aber an einem **Abenteuerspielplatz** vorbei. Dafür dem geteerten Weg folgen, der vor den Häusern rechts am Wald Richtung Damm führt. Hingegen bietet der obere Parkplatz in der Talsperrenstraße einen fixen Zugang zum Wasser. So oder so, am Café-Restaurant **„Altes Wärterhaus"** kommen alle vorbei. Nicht nur Flammkuchen-Liebhaber werden im ehemaligen Stauwärterhäuschen fündig. Neben nationalen und internationalen Gerichten präsentiert das Küchenteam jeden Mo-

nat Spezialitäten, die zur Jahreszeit passen. Schönwetter-Tipp: Kaffee- und Kuchenzeit auf der Sonnenterrasse mit Blick in den Garten genießen. Die Kinder wird es vermutlich auf die Wiese ziehen. Denn: Spielgeräte, Trampolin und kleiner Streichelzoo sind magnetisch. Kontakt: Tel. 02733/8229, www.altes-waerterhaus.de, ⏰ Di-Fr 11-22 Uhr, Sa, So, feiertags 10-22 Uhr.

> **» In der Nähe**
>
> Bergbauwüstung Altenberg, Freizeitgebiet „Ginsberger Heide", Internatsmuseum, Naturfreibad Müsen, Stadt-Wald-Wanderungen, Stahlberger Erbstollen, Windwanderweg (Hilchenbach), Heimatmuseum Ferndorf, Waldspielplatz (Kreuztal), Freizeitpark, Heimatmuseum (Netphen), Kleiner Tierpark „Zum Hasenbahnhof" (Kirchhundem)

HILCHENBACH-MÜSEN

Naturfreibad

☆ **Informationen**

Naturfreibad Müsen

Werbelsbrunnen 4a

57271 Hilchenbach

Tel. 02733/6419

www.tus-muesen.de

Öffnungszeiten:

in der Badesaison

Mo-Fr 13-20 Uhr,

Sa, So, feiertags 10-20 Uhr

„Oceanscooter"? Was ist denn das? Eine Antwort findet sich im Naturfreibad Müsen. Südwestfalens größte Outdoor-Badeanlage ist genau der richtige Ort für heiße Sommertage. Hier ist Badespaß ohne Chlor und chemische Mittel angesagt. Gebadet wird in reinem Gebirgswasser. Ausreichend Platz für Luftmatratzen und Co. ist garantiert. Bitte das Sandspielzeug nicht vergessen! Am kleinen aber feinen Strand direkt am Kinderbadebereich ist Planschen und Mat-

Relaxen, im Sand buddeln oder im erfrischenden Gebirgswasser baden

schen ausdrücklich gestattet. Wem das zu langweilig ist, kann die 10 Meter lange Wasserrutsche ausprobieren, eine Runde Fußball oder Volleyball spielen, auf der Liegewiese oder der Badeinsel relaxen, den Spielplatz erkunden oder eben eine Fahrt mit dem „Oceanscooter" wagen.

Schatten gewünscht? Der weitläufige Spielplatz **„Doktors Wäldchen"** ist ein lauschiges Plätzchen, um einen Tag voll Sonnenschein bei einem Picknick ausklingen zu lassen. Unter Schatten spendenden Bäumen finden sich Schaukeln, Rutschtürme, Hängebrücken und Co. Der Weg dahin: Von Müsen kommend im Nachbarort Dahlbruch kurz vor der großen Kreuzung rechts in „Auf der Heide" abbiegen, Parkplätze sind direkt vor dem Spielplatz. Alternative: Schön kühl und spannend zugleich, ist die Reise durch den **Stahlberger Erbstollen** (s. S. 140), der an jeden 2. Sonntag im Monat und in den NRW-Sommerferien an allen Sonntagen geöffnet hat.

›› In der Nähe
Bergbauwüstung Altenberg, Internatsmuseum, Stadt-Wald-Wanderungen, Windwanderweg (Hilchenbach), Heimatmuseum Ferndorf, Waldspielplatz (Kreuztal)

Gibt's im Naturpark Rothaargebirge nur hier: „Oceanscooter"

Kleiner Tierpark „Zum Hasenbahnhof"

⭐ **Informationen**

Gaststätte „Zum Hasenbahnhof"
Schartenbergweg 13
(Richtung Heinsberg, nach Ortsausgang
von Brachthausen links)
57399 Kirchhundem
Tel. 02723/4590
www.zum-hasenbahnhof.de
Öffnungszeiten: Di-Fr 14-20 Uhr,
Sa, So 11-20 Uhr, in den
NRW-Sommerferien Di-So ab 11 Uhr

Auch Ponys und Esel sind im kleinen
Tierpark zu Hause

Hoch oben im Wald von Brachthausen liegt der „Hasenbahnhof", wie die Kreuzung am alten Kriegerweg genannt wird. Dort, wo sich Hase und Fuchs persönlich Gute Nacht sagen, herrscht tagsüber tierisches Treiben. Verantwortlich dafür sind die Bewohner des kleinen Tierparks der Gaststätte „Zum Hasenbahnhof". Im Einzelnen: ein Esel, zwei Ponys, zahlreiche Kaninchen, Hühner und Vögel, zwei Mini-Schweine, ein Wildschwein, Land- und Wasserschildkröten und nicht zu vergessen Dam- und Sikawild. Das darf schließlich auch gefüttert werden. Das Futter gibt es im Wirtshaus. Wer dabei Appetit bekommt, kann praktischerweise direkt in der Gaststätte mit Bier-

Zum „Inventar" gehören auch Mini-Schweine ...

... und Kaninchen

garten und Spielplatz einkehren. Auf der Speisekarte stehen Salate, Bratkartoffeln, Schnitzel und Schnitzchen. Im Winter gibt es Wild. Den hausgemachten Damwildschinken kann man zu jeder Zeit genießen. Eis, Waffeln und Kuchen versüßen den Nachmittagsbesuch.

Zum Kombinieren interessant: Das **„Aquädukt"** im rund 6 km entfernten Nachbarort Heinsberg ist deutschlandweit einmalig. Es wurde Anfang des 20. Jahrhunderts aus gutem Grund entwickelt: Beim Bau der Eisenbahnstrecke am Krenkeltal störte der Bachlauf. Kurzer Hand musste das Gewässer weichen – in die Höhe. Das Wasser fließt heute noch über den künstlichen Geländeeinschnitt, die ehemalige Eisenbahntrasse lässt sich nur erahnen. Vor Ort steht die ganze Geschichte in einem Buch geschrieben, am maßstabsgerechten Kupfermodell wird aus grauer Theorie erfrischende Praxis: Beim Eimerablassen, Hochziehen und Pumpen wird aus dem Prinzip ein kleines Erlebnis. Einziger Wermutstropfen: Zum ungewöhnlichen Bauwerk geht es nur zu Fuß. Hin und zurück sind es rund 4 km. Zum Trost: Die Strecke führt durch reine Natur, sie ist überwiegend flach und kinderwagenfreundlich. Auf halber Strecke ist an der Teichanlage ein schöner Pick-

nickplatz mit viel Grün zum Ball- oder Frisbeespielen. Parken und Zugang: Schotterparkplatz „Freizeitanlage Heinsberg" (unterhalb des Wanderparkplatzes „Stauweiher Heinsberg") an der L713 (Oberndorfer Straße) zwischen Heinsberg und Hilchenbach. Ab Schilderbaum (an der Hauptstraße) der A2 Richtung Aquädukt folgen. Auf gleichem Weg geht es wieder zurück zum Parkplatz.

Wer pumpt, versteht das „Aquädukt"

>> **In der Nähe**
Breitenbachtalsperre, Freizeitgebiet „Ginsberger Heide", Internatsmuseum, Stadt-Wald-Wanderungen, Windwanderweg (Hilchenbach)

KIRCHUNDEM-STELBORN

Fuhrmannshof

☆ **Informationen**
Ross-Tours
Stelborn 12
57399 Kirchhundem
Tel. 0171/5826919
www.ross-tours.de

Er heißt Michel und ist stark wie ein Ochse. Er ist ja auch ein Fuhrochse. In dieser Eigenschaft begleitet er Wandersleute durch Wald und Natur. Stets dabei: Ein Karren voll Verpflegung. Seine Beglei-

Ross-Tours spannt die Wagen an

ter dürfen unterwegs auch mal aufsitzen oder die Zügel übernehmen. Doch ist die geführte Ochsentour nur eine Möglichkeit von anderen, mit Tier und/oder Wagen Sauerländer Landschaft zu erkunden. Mit „Ross-Tours" kann man stundenweise oder einen ganzen Tag Wanderausritte unternehmen oder gemütliche Fahrten erleben. Im Sommer mit der Kutsche oder dem Planwagen und im Winter mit dem Pferdeschlitten. Eine tolle Besonderheit inbegriffen: Die Gespanne werden in der Regel von kräftigen Kaltblutpferden gezogen, die früher vielfach auf den Feldern oder im Forst zum Einsatz kamen. Heute ist die Pferderasse „Rheinisch-Deutsches-Kaltblut" vom Aussterben bedroht. Das Team vom Fuhrmannshof setzt sich für den Erhalt der Arbeits- und Zugpferde ein. Vor Ort wohnen die Kaltblüter allerdings nicht allein. Im idyllischen Tal trifft man außerdem auf das selten gewordene Wittgensteiner Höhenvieh. Dann gibt es noch Bentheimer Schweine, Hühner, Gänse und Bienen. Die machen den Honig, den man direkt ab Hof kaufen kann. Wurst und Eier gibt es ebenfalls. Nach Anmeldung werden die Stalltüren gerne für eine Besichtigung geöffnet. Toll für Kinder: Zum Angebot gehören naturkundliche Ponywanderungen mit anschließender Bauernhof-Erlebniswelt für die ganze Familie. Generell gilt: Vieles ist buchbar, Art, Dauer und Details werden individuell abgestimmt. Zu bedenken ist: Manches startet ab Fuhrmannshof in Stelborn, anderes ab Forsthaus Schwarzenberg in Schmallenberg-Lenne.

Auch möglich: Das **„Alpenhaus"** erreicht man ab Stelborn nach rund 3 km Autofahrt, einem Fußmarsch auf eigene Faust oder als Ziel einer geführten „Ross-Tour". In Stelborn-Mitte steht der Richtungsweiser zur urigen Einkehrmöglichkeit auf 650 m über Meereshöhe. Hier gibt es sommers wie winters Hausmannskost und hausgemachten Süßkram. Stets auf die Saison abgestimmt. Speis und Trank genießt man auf der Sonnenterrasse oder in der gemütlichen Gaststube mit Kachelofen. Dabei und danach kann man in die Ferne schweifen, auf Wanderschaft gehen, durch Wald und Natur flitzen, Langlauffahren oder eine Rodelpartie unternehmen. Schlitten und Co. sollte man allerdings dabei haben. Der Wirt erklärt gerne, an welcher Stelle man bis ins Stelborner Tal rodeln kann. Die Strecke muss man dann allerdings wieder hoch laufen. Liegt ausreichend Schnee, finden manchmal Wokrennen mit echten Paellapfannen statt. Im Winter einfach mal nachfragen. Prima: Auf der Internetseite stehen kürzere bis längere Wanderideen. Die Vorschläge weisen die Route: Alle Wege führen von markanten Orten oder Sehenswürdigkeiten bis zum Alpenhaus. Kontakt: Alpenhaus 1 (ins Navi „Stelborn 3" eingeben), 57399 Kirchhundem, Tel. 02723-8226, www.alpenhaus.de, ⏰ Mo, Mi 11.30-18 Uhr, Do-So 10-18 Uhr.

> **» In der Nähe**
> Panorama-Park, Rhein-Weser-Turm
> (Kirchhundem)

Die Pferderasse „Rheinisch-Deutsches-Kaltblut" sieht man nur noch selten – auf dem Fuhrmannshof setzt man sich für den Erhalt der Arbeits- und Zugpferde ein

KREUZTAL-FERNDORF

Waldspielplatz

☆ **Informationen**

Waldspielplatz Ferndorf
Parken/Zugang: Zitzenbachstraße
(Höhe Bushaltestelle „Mandelbaumweg)
57223 Kreuztal

Bei dieser Exkursion gehören Gummistiefel, Matschhose und Sandspielzeug fest zum Equipment. Das liegt an einer denkbar erfrischenden Attraktion: dem kleinen Bächlein Zitzenbach. Bevor es in die Ferndorf mündet, fließt sein Weg mitten durch die Spielplatzlandschaft. Das macht den Waldspielplatz zu einem idealen Terrain für unkonventionellen Spielspaß. Am flachen Bachlauf und der angrenzenden Sandkiste kommen Wasser, Sand und Steine zusammen. Das finden Kinder natürlich gut: Hier können sie mit Eimer und Schippe meterweit durchs Wasser waten, Utensilien für Matschexperimente bergen, Staudämme bauen ... Derweil dürfen es sich die Eltern am Ufer auf der Picknickdecke oder an einem der Tische gemütlich machen. Wer mehr Bewegung

braucht, geht auf Entdeckungsreise. Beim Rundgang wird er Bolzplatz, Tischtennisplatten, Tellerschaukel, Kletterturm, Rutsche, Wippen, Schaukeln und einiges andere finden. Alles in allem: Ein tolles Ziel, insbesondere an warmen Tagen. Ist es richtig heiß, Sonnenschutz nicht vergessen, da es wenig schattige Plätze gibt.

Tipp: Brennt die Sonne vom Himmel, lohnt ein Abstecher zum nah gelegenen **Naturfreibad** Ferndorf. Hier gibt es keine gekachelten Becken, keinen Kiosk, kein Kassenhäuschen. Dafür einen Badeweiher mit Schwimmer- und Nichtschwimmerbereich, sanitäre Anlagen und Umkleidehäuschen. 1927 wurde die Badean-

Kostenloses Badevergnügen im Naturfreibad

plätzen am Waldrand. So geht's vom Spielplatz zum Weiher: Zitzenbachstraße bis Ende folgen, links in Loher Weg, rechts in Nußbaumweg Richtung „Wanderparkplatz „Am Freibad". Dort parken. Oben rechts dem Trampelpfad folgen (Zugang neben „Privatweg"). Links halten, nach ca. 300 m kommt der Weiher.

stalt angelegt, um die Körperertüchtigung der Jugend zu fördern. Bis dato fand eine Modernisierung statt, das Prinzip funktioniert heute noch: Das Wasser ist so erfrischend-natürlich, dass auch die Fische tüchtig ins Schwimmen kommen. Faulenzen kann man woanders – zum Beispiel auf den Liegewiesen oder den Schatten-

❱❱ In der Nähe

Bergbauwüstung Altenberg, Breitenbachtalsperre, Internatsmuseum, Naturfreibad Müsen, Stadt-Wald-Wanderungen, Windwanderweg (Hilchenbach), Heimatmuseum (Netphen), Heimatmuseum Ferndorf (Kreuztal)

Unkonventioneller Spielspaß: meterweit durchs flache Wasser waten

LENNESTADT-KICKENBACH

Bauernhofcafé Heinemann's Hof

☆ **Informationen**

Heinemann's Hof

Im Brauck 4

57368 Lennestadt

Tel. 02723-8308

www.heinemannshof.de

Öffnungszeiten: Mo-Fr 14.30-18.30 Uhr,

Sa, So 14-19 Uhr

Mmh, lecker! Im gemütlichen Garten oder in der originellen Café-Hütte schmecken Oma Hildes Torten, Apfelkuchen und Sahnewaffeln gleich doppelt gut. Ist der Tisch frei, kann man den Nachmittag im Bett vertrödeln. Aber: Viel Zeit für Müßiggang wird kaum bleiben. Inmitten von Pferdeweiden gibt es rund um den Hof viel zu viel zu entdecken. Wie den kleinen Streichelzoo mit Hasen und Hühnern. Oder den Spielplatz mit großem Trampolin, Kletterwand und Riesensandfläche mit feinstem Sand. Bagger & Co. stehen zum Schippen bereit. Der Blick in den Stall lässt Herzen höher schlagen. Pferde über Pferde. Immer wieder sonntags können Kinder von 14-17 Uhr in der Reithalle auf den **Ponys reiten**. Die Eltern dürfen führen. Wer danach Lust auf einen Spaziergang hat, folgt den Wanderwegen in Wald und Natur.

Spielspaß und Erholung garantiert ...

Erfrischung gewünscht? Ab Heinemann's Hof geht es links und rechts zu Bademöglichkeiten. Zum Beispiel zum kleinen Hallenbad **„Lenne Therme"** im Nachbarort Meggen. Samstags und sonntags ist Wasserspaß zu 80er-Jahre-Musik angesagt. Anders gesagt: Ausgiebiges Schwimmen ist nahezu unmöglich, da springende, hüpfende und rutschende Kinder Vorrang haben. Um 18 Uhr wird den aufblasbaren Spielgeräten die Luft genommen. Wer nicht mittoben möchte, geht in die Cafeteria und schaut durch die Glasscheibe zu. Für die ganz Kleinen gibt es ein angenehm warmes Minibecken, doch weniger Spielzeug. Einfach etwas mitbringen. Kontakt: Auf'm Ohl 12c, 57638 Lennestadt, Tel. 02721/80213, www.lennetherme.de. ⏰ Mi 15-18 Uhr, Do 15-21 Uhr, Fr 15-20 Uhr, Sa 13-18 Uhr, So 9-18 Uhr. In anderer Richtung liegt in Saalhausen das **Naturerlebnisbad** (s. S. 40).

Bauernhofcafé mit Spielplatz und Pferdestall. Sonntags ist Ponyreiten angesagt

》 In der Nähe
Galileo-Park, Karl-May-Festspiele (Lennestadt), Ross-Tours (Kirchhundem)

Sieht nicht nur natürlich aus, hier wird ohne Chlor und Chemie gebadet

LENNESTADT-SAALHAUSEN

Naturerlebnisbad

☆ **Informationen**
Naturerlebnisbad Saalhausen
Fasanenweg
57368 Lennestadt
Tel. 02723/717334
www.naturbad-saalhausen.de
Öffnungszeiten: in der Badesaison bei
gutem Wetter ab 20°C Lufttemperatur
täglich 10-19 Uhr, außerhalb der NRW-
Schulferien Mo-Fr erst ab 12.30 Uhr

Das Thermometer zeigt mindestens 20 °C Lufttemperatur an? Die Sonne lacht vom Himmel? Prima! Die Empfehlung: Pack die Badehose ein, nimm dein kleines Schwesterlein – und dann nischt wie raus nach Saalhausen. Das Naturerlebnisbad ist zum Reinspringen gut: Das Wasser in Schwimmer- und Nichtschwimmerteich sieht nicht nur glasklar aus, es ist reines, klares Wasser ohne Chlor. Fast wie an einem echten See: Der Boden besteht aus kiesigem Sand, Felsen und Holzstege laden zum Springen und Pausieren ein. Und das Ganze in sagenhaft grüner Umgebung. Zum Sonnenbaden und Aktiv sein genau das Richtige, ist ja alles da: ausreichend Liegewiesen, separates Planschbecken, Spielplatz, Tischtennisplatten, Beachvolleyballfeld und Gastronomiebereich. Fehlt nur noch der Blick auf das Thermometer.

Zum Kombinieren interessant: Nebenan findet sich eine **Minigolfanlage**, die bei gutem Wetter Mo-Fr von 14-19 Uhr und Sa, So von 11-19 Uhr geöffnet hat. Die Tafel vor dem Bad weist den Weg zur 4 km langen Trimm-Trab-Strecke. Toll für jüngere Mountainbikefahrer: Der **Shark Attack Bike-Parcours** gegenüber des nahen Sportplatzes ist mehr als eine frei zugängliche Buckelpiste. Der Rundkurs führt über diverse natürliche und künstliche Hindernisse. Info: Shark-Attack Saalhausen Tel. 0175/4013125, www.mtb-shark-attack.net. Gemächlicher ist ein Bummel durch den Kurpark. Im **Café am Kurpark** werden die Kuchen und Torten noch selbst gebacken. Das schmeckt – im Wintergarten oder auf der Terrasse. Beides mit Blick auf den Schwanenteich. Im Garten ist ein kleiner Spielplatz. Snacks und Eis gibt es auch. Kontakt: Winterberger Straße 20, Tel. 02723/719902, www.cafe-am-kurpark.net, ⏰ Mo-So 10-18 Uhr. Für Wanderfreunde: Infos zum 5 km langen Walderlebnispfad mit Ausflug zum Rinsley-Felsen gibt es beim Verkehrs- und Kneippverein, Drosselstraße 2, Tel. 02723/8502, www.saalhausen.de, ⏰ Mo-Sa 9-12 Uhr. Download der Karte unter Wandern, PDF „Tour für Familien".

>> **In der Nähe**
Bauernhofcafé Heinemann's Hof, Galileo-Park (Lennestadt), Besteckmuseum, Holzerlebnisparcours, Thikos Kinderland (Schmallenberg)

Fast wie an einem echten See

MEDEBACH

Walderlebnispfad „Zur Hasenkammer"

☆ **Informationen**

Ferienhof „Zur Hasenkammer"

Hasenkammer 4

59964 Medebach

Tel. 02982/8302

www.ferienhof-hasenkammer.de

Zugang zum Pfad: an den Kuhweiden

unterhalb des Ferienhofes, Parken am

Ferienhof erlaubt

Wer ist der größte Esel Deutschlands? Die Antwort liegt im Auge des Betrachters. Wer es genau wissen möchte, sollte einen Blick riskieren. Das geht auf dem

Walderlebnispfad des Ferienhofs „Zur Hasenkammer". Hier macht das Spazierengehen bereits den Jüngsten Spaß. Aus gutem Grund: Die kinderwagenfreundliche Strecke liegt inmitten schöner Natur, sie ist kurz und flach, geht durch Wald und über Wiese, vorbei an Kuhweiden und einem rauschenden Bächlein. Für Kurzweil sorgen die Erlebnisstationen: Tafeln mit Anekdoten und Informationen zu Flora und Fauna, ein Insektenhotel, ein Ameisenhaufen ...- und ein spannendes Hüpffeld. An dieser Stelle zeigt sich, wer aus dem Stand wie eine Heuschrecke, ein Laubfrosch oder ein Feldhase hopsen kann. Schafft es jemand mit Anlauf bis zur Eichhörnchen-,

Dieselross auf dem Ferienhof

Häschen hüpf': nur eine Übung auf dem Walderlebnispfad

Klassisch: Kühe gehören zum Bauernhof einfach dazu

Spieglein, Spieglein an dem Weg, wer ist der „Größte Esel Deutschlands"?

Fuchs- oder Reh-Marke? Vielleicht. Fest steht: Der Sprung zum Barfußpfad ist unmöglich – der liegt am Ende der Strecke an einer schönen Wasserstelle. Handtücher nicht vergessen! Auf gleichem Weg geht es wieder zurück zum Ferienhof. Angekommen lohnt der kurze Abstecher zum dazugehörigen Campingplatz mit Pferdewiese, Picknickmöglichkeiten, einem Spielplatz, Bobby- und Kettcars und einem echten Traktor zum Draufsetzen. Nachmittags haben Kuhstall und Spielscheune geöffnet. Sind die Kühe im Stall, werden sie in der Regel zwischen 16.30-17 Uhr gemolken. Zuschauen möglich.

Tipp: Von April bis Oktober startet jeden Donnerstag um 15 Uhr eine **geführte Walderlebnistour** am Ferienhof. Einfach ohne Anmeldung kommen und für 2,5 Stunden auf Tuchfühlung gehen. Ein Abenteuer – für alle, die Spaß daran haben, Natur auf spielerische Weise kennenzulernen. Infos: Touristik-Gesellschaft Medebach, Tel. 02982/9218610, www.medebach-touristik.de (Rubrik: Familien & Gruppen). Weitere Ideen für Medebach-Spaziergänge mit kinderfreundlichen Zielen stehen im Flyer **„Mit dem Kinderwagen auf Tour"**. Er-

hältlich in der Tourismusinformation vor Ort (Marktplatz 1, 🕐 Mo-Fr 9-13 Uhr, 14-17 Uhr, Sa 9.30-12 Uhr) oder als PDF im Netz (Rubriken: Familien & Gruppen, Wandern mit Knirps & Co.).

Ein Abenteuer: geführte Walderlebnistour

》 In der Nähe
Dreggestobe Düdinghausen, Erlebniswelt Center Parcs Park Hochsauerland, Greten Hof, Hochseilgarten, Medebacher Bucht (Medebach)

Wo einst Kopffüßer im Meer schwammen, suchen Hobbygeologen heute nach steinigen Schätzen

MEDEBACH-DÜDINGHAUSEN

Geologischer Rundweg

☆ **Informationen**
Geologischer Rundweg
Parken: Heimathaus an der Oberschledorner Straße nach Usseln (L 854)
59964 Medebach
www.duedinghausen-hsk.de

Vor 320 Millionen Jahren war Düdinghausen noch ein tropisches Badeparadies. Heute wird die Geschichte an vier besonderen Stationen lebendig: Kirchensteinbruch, Gerkes Steinbruch, Vitsenböhl Steinbruch und Borghagen Steinbruch. Der 6 km lange Geologische Rundweg verbindet die Naturphänomene auf Strecke. Für wanderfreudige Hobbygeologen mit älteren Kindern eine gute Gelegenheit, durch schöne Natur auf erdgeschichtlichen Spuren zu wandeln. Zugegeben, der Weg ist eine Herausforderung: die Strecke hat ihre Höhen und Tiefen, zuweilen führt sie über verschlungene Pfade durch dichten Wald. Für zwischenzeitliche Belohnung ist gesorgt: Die geologischen Aufschlüsse sind nicht nur nett anzusehen, Tafeln erzählen von eigentümlichen Besonderheiten: verwickelten Sandsteinen, wulstigen Gesteinsformen, zerrissenen Falten und Kopffüßern, die im Meer schwammen. Mit viel Glück kann

Der Geologische Rundweg verbindet vier Steinbrüche auf Strecke

man beim Näherhinschauen Fossilien finden. Dabei gilt: Klettern und forschen erlaubt. Wer einen Hammer dabei hat, darf sogar klopfen. Das Ganze aber auf eigene Gefahr. Wer auf Nummer sicher gehen möchte, kann beim Heimat- und Verkehrsverein Düdinghausen eine geführte Tour mit Fossiliensuche unter Anleitung buchen. Kontakt: Tel. 05632/ 91342, www.duedinghausen-hsk.de. An gleicher Stelle steht der Flyer „Geologischer Rundweg" mit Karte zum Download bereit. Vor Ort liegt er in der Tourist-Info (Bäckerei Peters), An der Egge 10, aus. ⏱ Mo, Sa 6-13 Uhr, Di-Fr 6-12.30 Uhr, 14-18 Uhr. Die Strecke beginnt am Kirchplatz in der Dorfmitte, das Kopffüßer-Symbol weist den Weg.

Tipp: Die Karte „Geologie erleben! Phänomene entdecken" stellt noch mehr **Geo-Erlebnisstationen** rund um Medebach und Hallenberg vor. Der Flyer beschreibt 14 Orte mit Anfahrtswegen. Download: www.medebach-touristik.de (Rubriken: Wandern & Natur, Naturerlebnisse). Auch bei den Tourismus-Informationen Medebach und Hallenberg erhältlich.

>> **In der Nähe**
Dreggestobe Düdinghausen, Erlebniswelt Center Parcs Park Hochsauerland, Ferienhof „Zur Hasenkammer", Greten Hof, Hochseilgarten, Medebacher Bucht (Medebach)

MEDEBACH/HALLENBERG

Medebacher Bucht entdecken

☆ **Informationen**
Touristik Gesellschaft Medebach
Marktplatz 1
59964 Medebach
Tel. 02982/9218610
www.medebach-touristik.de
Öffnungszeiten: Mo-Fr 9-13 Uhr,
14-17 Uhr, Sa 9.30-12 Uhr

Warum in die Toskana fahren? Rund um Medebach und Hallenberg gibt es doch die Medebacher Bucht. Das knapp 14.000 ha große Vogelschutzgebiet zwischen Rothaargebirge und der Landesgrenze NRW/Hessen glänzt mit Besonderheiten: Es regnet weniger, die Temperaturen sind wärmer und die Hügel flacher als in anderen Ecken des Sauerlandes. Flora und Fauna gefällt's. Aus gutem Grund: Die landwirtschaftlich nahezu unberührte Gegend bietet ihnen optimale Lebensräume. Viele seltene Tier- und Pflanzenarten sind in der Medebacher Bucht Zuhause – eine kleine Ausstellung im Touristikzentrum Medebach öffnet die Türen zu ihrer Heimat: Die Entstehung der Kulturlandschaft wird ebenso beleuchtet, wie Wiesen- und Waldpflanzen beim Namen genannt werden. Zahlreiche Texte auf großen Plakaten, farbenfrohe Landschaftsaufnahmen und einige spielerische Elemente machen Appetit auf praktisches Naturerleben. Das ist möglich: Mit den **Naturwege**n „Nuhnewiesen", „Kahler Pön", „Gelängebachtal" und „Liesental" lädt die Biologische Station Hochsauerlandkreis e. V. ein, den Charme der Landschaft bei einer 3, 5, 11 oder 13 km langen Wanderung zu ergründen. Die Flyer stehen zum Down-

Medebacher Bucht: ein Vogelschutzgebiet

In dieser Ausstellung ist Landschaft Kultur

Hier werden seltene Tier- und Pflanzenarten beim Namen genannt

load unter www.medebacher-bucht.de bereit. Praktischerweise liegen sie auch eine Etage tiefer im Touristikzentrum aus. Bitte mitnehmen, da nicht an allen Naturweg-Stationen Informationstafeln stehen. Gleichwohl ist das Faltblatt „Naturerlebnis-Wanderungen" interessant. Dort stehen die Angebote der Natur- und Landschaftsführer, die **Führungen für alle Altersgruppen** anbieten.

Tipp: Im **Infozentrum „Kump"** in Hallenberg gibt es eine weitere Ausstellung zu den Besonderheiten der Nuhnewiesen und des Liesetals (Rathausplatz 1, 59969 Hallenberg, Tel. 02984/3030, www.kump-hallenberg.de, ☉ Mo-Sa 10-12 Uhr, Mo, Di, Do, Fr 15-17 Uhr). Der idyllische Kräutergarten dahinter lädt zu einer lehrreichen Verschnaufpause mit Schnupperprobe ein. Exkursionen in Wald und Heide finden von April-Oktober alle 14 Tage statt (Info: 02984/2851, www.wildkraeuterpaedagogik.de). Flyer und Termine sind auch in den Info-Zentren in Medebach und Hallenberg erhältlich.

> ›› **In der Nähe**
> Dreggestobbe Düdinghausen, Erlebniswelt Center Parcs Park Hochsauerland, Ferienhof „Zur Hasenkammer", Greten Hof, Geologischer Rundweg, Hochseilgarten, Schwerspatmuseum (Medebach), Kegel- und Badeabenteuer im Landhotel Grimmeblick (Winterberg)

MEDEBACH-REFERINGHAUSEN

Greten Hof

⭐ **Informationen**

Greten Hof

Zur Grund 2

59964 Medebach

Tel. 05632/9220055

Hofführung nach Terminvereinbarung

350 zu 245 – das Verhältnis stimmt. Zurzeit und vermutlich auch in Zukunft: Referinghausen hat mehr Kühe als Einwohner. Davon wohnen rund 125 Wiederkäuer auf dem Greten Hof. Bei einer Hofbesichtigung darf man auf Tuchfühlung gehen, waschechte Bauernhofluft schnuppern und in die moderne Milchviehhaltung eintauchen. Damit kennt sich Familie Hesse bestens aus. Beim Rundgang öffnen sie die Türen zu ihrem Arbeitsalltag. Der Gang durch die Kuhställe vorbei an den Kälbchenboxen ist nicht nur mächtig imposant, sondern auch lehrreich. Wer kommt, darf staunen, Fragen stellen und selbstredend mithelfen. Beim Füttern, aber auch beim Melken am späten Nachmittag. Nicht zu vergessen, dass sich auf dem Greten Hof nahezu alle Tierarten tummeln, die zu einem echten Bauernhof dazugehören: Pferde, Ziegen, Schweine, Hühner, Geflügel, Kaninchen, Hunde, Katzen … Aber auch Meerschweinchen, Waschbären, Wachteln und Schildkröten.

Wie kommt die Milch eigentlich in die Tüte? Nur eine Frage, die man auf dem Greten Hof stellen kann

So wird die Hofbesichtigung ganz nebenbei zu einem Ausflug in den Streichelzoo. Für all das gilt: Bitte vorher einen Termin vereinbaren.

Tipp: Direkt hinter dem Hof, in der Straße „Auf der Polter", ist ein netter **Spielplatz** mit allem, was dazugehört und kleinen Extras. Beim Picknick hat man einen guten Ausblick auf den Ententeich, die Hängebauchschweine und die Ziegen. Die Tiere gehören zum Spielplatz dazu, ebenso wie das kleine Bächlein, das man über eine Hängebrücke überqueren kann. Wer mag, kann noch einen Abstecher zum **Niggenhuses Steinbruch** unternehmen. Hier sind Erdbacher Kalke zu sehen, die häufig Fossilien enthalten. Auf der Tafel werden Entstehung und Verwendung erklärt. Der Weg dahin, am bequemsten mit dem Auto: Ab Spielplatz der Straße „Auf der Polter" weiter Richtung Schützenplatz/Geologischer Aufschluss folgen.

Nach dem Schützenhaus geht es nach rund 200 m rechts auf den Steinbruch-Parkplatz. Mehr Steinbruch-Infos gibt es in der Broschüre: „**Geo-Erlebnis-Stationen** rund um Medebach und Hallenberg". Im Netz unter www.medebach-touristik.de (Rubriken: Wandern & Natur, Naturerlebnisse) oder bei den Tourismusinformationen Medebach und Hallenberg.

> **⟩⟩ In der Nähe**
> Dreggestobbe Düdinghausen, Erlebniswelt Center Parcs Park Hochsauerland, Ferienhof „Zur Hasenkammer", Geologischer Rundweg, Hochseilgarten, Medebacher Bucht (Medebach), Kegel- und Badeabenteuer im Landhotel Grimmeblick (Winterberg)

NETPHEN-BRAUERSDORF

Obernautalsperre

☆ **Informationen**

Obernautalsperre

Zur Talsperre

57250 Netphen

www.brauersdorfer.de

Strahlt die Sonne vom Himmel, leuchtet das Wasser der idyllisch gelegenen Obernautalsperre in den schönsten Farben mit. Ein Bad in der Wassergewinnungsanlage scheint verlockend, ist aber leider nicht möglich. Seit 1972 versorgt der Stausee mittlerweile über 200.000 Menschen mit Trinkwasser. Freizeitmöglichkeiten gibt es trotzdem: Der 10 km lange Rundweg ist die ideale Strecke zum Radfahren, Inline-Skaten und Spazierengehen mit Buggy & Co. Auf dem Infoweg „Wasser für die Region Siegerland-Wittgenstein" werden Details gelüftet. Die fünf Stationen entlang des Damms präsentieren Einblicke in Geschichte, Funktion und Technik der Talsperre. Da wird zum Beispiel berichtet, dass 365 Men-

Kann man umrunden: Der 10 km lange Rundweg ist ideal zum Radfahren, Inline-Skaten oder Spazierengehen

schen für den Bau der Anlage umgesiedelt wurden. In den Tiefen der Obernautalsperre liegen noch die Grundmauern der komplett und teilweise gefluteten Orte Nauholz, Obernau und Brauersdorf.

Tipp: Im 12 Meter hohen **Glockenturm** läuten heute die vier Glocken der ehemaligen Schulkapellen. In tiefer Vereinigung erklingen sie bis zu dreimal täglich um 7, 12 und 19 Uhr. Praktischerweise liegt der Glockenturm direkt neben einer Einkehrmöglichkeit. In der Gaststätte **„Landhaus Heinrichshöhe"** stehen drinnen und draußen Waffeln und rustikale Gerichte auf der Speisekarte. Kontakt: Zur Talsperre 35, Tel. 02738/688998, ⏱ Mi-So 12-22 Uhr, Mo 14-18 Uhr. Für Picknicker: Der **Spielplatz** ist weiter unten an der Ecke „Zur Talsperre"/ „Netphener Weg".

>> **In der Nähe**
Freizeitpark, Heimatmuseum, Köhlerpfad, Wassermühle (Netphen)

NETPHEN-BRAUERSDORF

Forsthaus Hohenroth

⭐ **Informationen**

Forsthaus Hohenroth
Wanderparkplätze „Haus Hohenroth"
oder „Ederquelle" an der Eisenstraße
(Verbindungsstraße zw. Hilchenbach-
Lützel und Netphen-Hainchen)
57250 Netphen
Tel. 02737/217860
www.waldland-hohenroth.de
Öffnungszeiten Informationszentrum:
Mo – Do 10-16 Uhr,
Fr-So, feiertags 14-18 Uhr

Auf 640 Meter Höhe, mitten im Herzen von Siegen-Wittgenstein, liegt das Forsthaus Hohenroth eingebettet in eine idyllische Waldlandschaft. Einst war es ausschließlich Försterfamilien vorbehalten, das höchst gelegene Haus des Siegerlandes zu bewohnen. 2001 wurde das Forsthaus zum Informationszentrum für Waldwirtschaft, Naturschutz und Waldbegegnung umgestaltet. Mit einigen Extras: Wiesen laden zum Picknicken und Ballspielen ein, im Informationszentrum finden regelmäßig Ausstellungen und Führungen zu naturkundlichen Themen statt und vom großen Hochsitz lassen sich mit etwas Glück, Tiere im **Rotwildgehege** entdecken. Insbesondere am späten Nachmittag. Direkt nebenan gibt es im **Café Waldland** Waffeln und Eis. Bei gutem Wetter im gemütlichen Biergarten. Kontakt: Tel. 02737/2185745, www.cafe-waldland.de, ⏱ Fr-So, feiertags 14-18 Uhr.

Tipp: Rund ums Forsthaus starten Wanderwege. Wie der rund 6 km lange Rundwanderweg mit Bodenlehrpfad, der durchgehend kinderwagenfreundlich ist. Einige Anhöhen müssen allerdings gemeistert werden. Die Schilder „Forsthaus Hohenroth" und das Maulwurfsymbol weisen den Weg. Rastmöglichkeiten finden sich an der Ederquelle und dem „Mittelpunkt des Kreises Siegen-Wittgenstein". Der 2 km lange **Kyrill-Pfad** macht nicht nur Laune, der Rundweg ist eine

Familienzeit: am Mittelpunkt des Kreises Siegen-Wittgenstein und im Rotwildgehege

Sportliche Herausforderung: Kyrill-Pfad in Netphen

platzes parkt. Vom Richtungsweiser sind es knapp 800 m bis zum Startpunkt. Zum Seelenpfad geht es nur nach vorheriger Anmeldung im Informationszentrum. Und dann auch nur mit verbundenen Augen. Der Pfad ist so geheim, dass nur einige Menschen den Weg dorthin kennen. Für den Überblick: Im Internet findet sich die Karte mit Übersicht über alle Wanderwege.

abenteuerliche Herausforderung. Hier darf die Natur nach dem Orkan einfach Natur sein. Wer alle Hürden meistern möchte, sollte gut zu Fuß sein. Den Weg erreicht man am schnellsten, wenn man am Wanderparkplatz „Ederquelle", also direkt gegenüber des Forsthaus-Park-

>> **In der Nähe**
Märchenwanderweg „Kleiner Rothaar" (Bad Laasphe), Ginsberger Heide (Hilchenbach), Walderlebnispfad „Siegquelle" (Netphen)

Café Waldland: Bei Sonnenschein werden die Waffeln im Biergarten serviert

Kohlenmeiler mit Tradition: In Walpersdorf wird früher wie heute Holzkohle hergestellt

NETPHEN-WALPERSDORF

Köhlerpfad

☆ **Informationen**
Köhlerpfad
Wanderparkplatz „Am Köhlerplatz"
(an der Wittgensteiner Straße zw.
Walpersdorf und Feudingen)
57250 Netphen

Ein Köhler stellt aus Holz Holzkohle her. Das macht er in einem Kohlenmeiler. Doch wie genau funktioniert die Köhlerei? Auf dem 4,5 km langen Köhlerpfad-Rundweg wird es erklärt. Auf 12 Tafeln erfahren Wanderer interessante Details über das fast ausgestorbene Handwerk und tauchen ganz nebenbei in ein Stück

Siegerländer Geschichte ein. Toll für ältere Kinder: Am Startpunkt findet sich in einem Holzkästchen ein Quiz für unterwegs. Nebenan liegt echte Zeichenkohle. Der Streckenverlauf geht über Stock und Stein, bergauf und bergab. Ein geländefähiger Kinderwagen ist empfehlenswert, besser geht's sicherlich mit einer Kindertrage. Zu Beginn führt der Weg über den Picknickplatz (mit kleinem Spielplatz und Wasserstelle) die Böschung hoch. Links hinter der Holzhütte geht es weiter. Dort versteckt sich auch ein echter noch funktionstüchtiger **Kohlenmeiler** (Führungen sind möglich. Info: Tel. 02737/3539, Holzkohleverkauf in Walpersdorf: Im Ort Hinweisschilder beachten). Ab Kohlenmeiler der Beschilderung Köhlerpfad oder A1 folgen.

Und danach? Spielt das Wetter mit, lohnt sich eine Stippvisite im rund 6 km entfernten **Naturerlebnisbad** Deuz. Ein natürliches Badeerlebnis: Nicht nur, weil das

Wasser vollbiologisch aufbereitet wird. Auch, weil Bade- und Liegebereiche in anmutige Felslandschaften eingebettet sind. Für die ganz Kleinen gibt es einen Kinderbereich mit Spielplatz, Aussichtsturm und einer 12 m langen Wasserrutsche, für die Größeren ein Nichtschwimmer- und Schwimmerbecken mit 1,40 bis 2,40 m hohen Sprungfelsen. Kontakt: Am Freibad, 57250 Netphen, Tel. 02737/214888, www.freibad-deuz.de, ⏱ in der Badesaison und nach Witterung tgl. 10-19 Uhr.

>> **In der Nähe**
Forsthaus Hohenroth, Freizeitpark, Heimatmuseum, Heimatstube Irmgarteichen, Obernautalsperre, Walderlebnispfad „Siegquelle", Wassermühle Nenkersdorf (Netphen)

Auf diesem Weg wird Siegerländer Köhlergeschichte erzählt

Holzerlebnisparcours

> ☆ **Informationen**
>
> Holzerlebnisparcours
> Parken: an Stadthalle und
> Wellen-Freibad, Paul-Falke-Platz 13
> Zugang zum Parcours: siehe Text
> 57392 Schmallenberg

Eine gute Nachricht vorweg: Bis zum Ziel des 3 km langen Holzerlebnisparcours müssen keine kräftezehrenden Hindernisse gemeistert werden. Zugegebenermaßen führt der ausgeschilderte Rundweg hier und da, insbesondere kurz nach Start, bergan. Doch wer die Erste von insgesamt acht Erlebnisstationen erreicht, hat den anstrengendsten Teil geschafft. Hier können alle gemeinsam im Boot sitzen und erst einmal den Ausblick genießen. Die anfangs geteerte Strecke führt im weiteren Verlauf durch eine abwechslungsreiche Wald- und Wiesenlandschaft. Vielfach geht der Weg angenehm bergab, manchmal verläuft er über verschlungene Pfade und durch nahezu mystische Abschnitte. Fester Begleiter: ein rauschendes Bächlein. Für Kurzweil sorgen die Erlebnisstationen, die erfrischen, verbinden, vernetzen, Musik machen und schließlich auch Durchblick verschaffen. Wer eine Runde gedreht hat, wird am Ende erfahren, wie viel Holz zwischenzeitlich im Schmallenberger Wald gewachsen ist. So viel sei gesagt: Es ist ein ganzer Würfel voll. Die Strecke kann mit einem geländetauglichen Kinderwagen gemeistert werden, hier und da ist das Schieben allerdings mühsam.

Flyer-Download unter www.schmallenberger-sauerland.de (Rubriken: Aktiv, Wanderwege). Vor Ort gibt es den Plan bei der Schmallenberger Tourismusinfor-

Gut zu laufen: Der Weg führt durch eine abwechslungsreiche Wald- und Wiesenlandschaft

Tipp für richtig heiße Sommertage: das Wellen-Freibad in Schmallenberg

Ahoi: Was es da wohl alles zu entdecken gibt?

mation in der Poststraße 7. Von dort ist es nicht weit zum Startpunkt. Einfach vor dem Gebäude dem Fahrradsymbol des SauerlandRadrings Richtung Hauptstraße folgen und in den ersten Weg rechts abbiegen. Ab der Holzeule ist der Weg ausgeschildert.

Und danach? Wer schon am **Wellen-Freibad** parkt, kann nach dem Rundgang natürlich noch eine Runde über die Wellen schaukeln. Die werden in regelmäßigen Abständen eingeschaltet. Dann gibt es noch einen Schwimmerbereich mit Sprungtürmen, einen Erlebnisbereich für Eltern mit Kleinkindern, jede Menge Liegefläche und ein Beachvolleyballfeld. Wer Hunger oder Durst bekommt, kann sich im Gastronomiebereich stärken. Allerdings: Das Wasser wird über eine Solar-Anlage aufgewärmt. So hat das Freibad nur an richtig warmen Sonnentagen geöffnet: Mo-Fr 10.30-19 Uhr (in den NRW-Sommerferien ab 9.30 Uhr), Sa, So, feiertags 9.30-19 Uhr. Bei unbeständigen Wetterverhältnissen bitte unter der Nummer 02974/2864 oder online unter www.sauerland-bad.de informieren, ob geöffnet ist. Die tagesaktuellen Öffnungszeiten stehen morgens ab 9 Uhr im Internet.

>> **In der Nähe**
Naturerlebnisbad Saalhausen (Lennestadt), Abenteuerspielplatz „Wilde 13", Besteckmuseum, Bike-Parcours, Disc-Golf-Park, Gerichtsmuseum, Kyrill-Pfad Schanze, Sauerlandbad, Schieferbergbau- und Heimatmuseum, Thikos Kinderland, Waldraststätte „Altes Forsthaus" (Schmallenberg)

Holzerlebnisparcours: mal eine ganz andere
Perspektive aufs Schmallenberger Sauerland

SCHMALLENBERG-BAD FREDEBURG

Waldraststätte „Altes Forsthaus"

⭐ **Informationen**

Waldraststätte „Altes Forsthaus"
Parken/Zugang: Wanderparkplatz
„Kleins Wiese" vor gleichnamigen Hotel,
Kleins Wiese 1 zwischen Fredeburg
und Rimberg. Hauptstraße nach links
überqueren. An der Schranke im Weg
rechts steht die erste Beschilderung
zum Forsthaus
57392 Schmallenberg
Tel. 02974/833233
www.altesforsthaus.info
Öffnungszeiten: Ostersonntag bis
30. Oktober Mi ab 14-18 Uhr,
Sa, So, feiertags 11-18 Uhr

Mal angenommen, es ist Wochenende,
die Sonne strahlt vom Himmel und alle
haben Lust auf einen Ausflug in die Natur.
Ohne Wenn und Aber: Das alte Forsthaus
ist genau der richtige Ort, um den Anker
zu werfen. Die Waldraststätte ist ein ori-

Die Waldraststätte ist nur zu Fuß zu erreichen

ginelles Eldorado in waldreicher Gegend.
Gut und gerne kann man hier den ganzen
Nachmittag verbringen. Mit durchatmen
und entspannen. Mit Essen und Trinken.
Mit Pirat spielen, hüpfen, schaukeln und
rutschen. Mit Wildschwein beobachten
und Natur genießen. Die Möglichkeiten
sind vielfältig. Neben frischer Luft, einem
tollen Spielplatz, dem Wildschweinge-
hege, unzähligen Nischen zum Sitzen und
Verweilen gibt es auch eine Speisekarte:
Drinnen wie draußen werden rustikale
Snacks, Kaffee und Kuchen, Eis am Stiel
und selbst gebrautes Bier gereicht. Prima:
Mit dem Besuch ist der obligatorische
Sonntagsspaziergang abgehakt. Zur
Waldraststätte geht es nur zu Fuß. Ab
Parkplatz ist man rund 30 Minuten leicht
bergauf gehend unterwegs.

Zum Kombinieren nah: Auf dem **Bad
Fredeburger Walderlebnispfad** darf man
den heimischen Wald genauer unter die
Lupe nehmen. Auf dem etwa 3 km langen
Rundweg finden sich einige Erlebnisstationen dicht beieinander: Tafeln mit Informationen zu Flora und Fauna und einige
spielerische Elemente. Der weiße Pfeil auf
grünem Grund führt an Vogeluhr, Klang-
spiel, Baumgitarre, Buntspecht-Guckloch,
Baumspiegel und Rutsche im Wald vorbei. Hier und da offenbaren sich gemütliche Orte für ein Picknick. Zum Beispiel
an der kleinen Kapelle mit Brunnen vor
dem Tore. Wer eine Kerze anzündet, darf
sich etwas wünschen. Eine andere Raststelle ist kurz vor Ende am Kneipp-Tretbe-
cken mit Sprudel und Barfuß-Wiese. Geradeaus geht es wieder zurück zum Park-

Kapelle auf dem Bad Fredeburger Walderlebnispfad

fredeburg.de (Rubriken: Freizeit & Sport, Freizeittipps). Parkplatz: Erholungsanlage Buchhagen an der Bödefelder Straße zwischen Fredeburg und Westernbödefeld, etwa 800 m unterhalb des Forsthaus-Parkplatzes. Über den Anstieg geht's zum Hauptweg.

platz. Alles in allem ein gut zu laufender Weg mit wenigen leichten Anstiegen. Teilweise führt die Strecke über Trampelpfade bergab. Festes Schuhwerk und Kindertrage sind empfehlenswert. Informationen und Flyer: Verkehrsverein Bad Fredeburg, Tel. 02974/7037, www.bad-

>> **In der Nähe**
Abenteuerspielplatz „Wilde 13", Bike-Parcours, Disc-Golf-Park, Erlebnismuseum Bödefeld, Gerichtsmuseum, Naturspielplatz Walkemühle, Sauerlandbad, Schieferbergbau- und Heimatmuseum, Thikos Kinderland (Schmallenberg)

Zieht Kinder magisch an: das Piratenschiff im Garten der Waldraststätte

SCHMALLENBERG-BÖDEFELD

Erlebnistag im Naturdorf

☆ **Informationen**

Erlebnismuseum Bödefeld

St.-Vitus-Schützenstraße 1/

Ecke Hunaustraße

57392 Schmallenberg

Tel. 02977/1524

www.erlebnismuseum-boedefeld.de

Öffnungszeiten: Mo-Fr 9-16.30,

Sa, So 10-17 Uhr

In Bödefeld wird Naturerleben großgeschrieben. Die Einladung an Groß und Klein lautet: Kommen und staunen, erkunden und verstehen, Spaß haben und aktiv sein. Dafür stehen einige Angebote bereit. Den Anfang macht das **Erlebnismuseum** der Biologischen Station Hochsauerlandkreis e. V. Unter dem Motto „Landschaft lebt" präsentiert die Ausstellung Einblicke in regionale Flora und Fauna sowie land- und forstwirtschaftliche Welten. Eine Zeitreise durch die 15.000 Jahre alte Sauerländer Landschaftsgeschichte ist insbesondere für Familien mit Schulkindern ein informatives Abenteuer. Bei einem Rundgang gibt es allerlei zu lesen, zu rätseln und zu erkunden. Mit dabei: das Museumsmaskottchen „Schieferkerl", das die Zusammen-

Erlebnismuseum: eine Zeitreise durch die 15.000 Jahre alte Sauerländer Landschaftsgeschichte

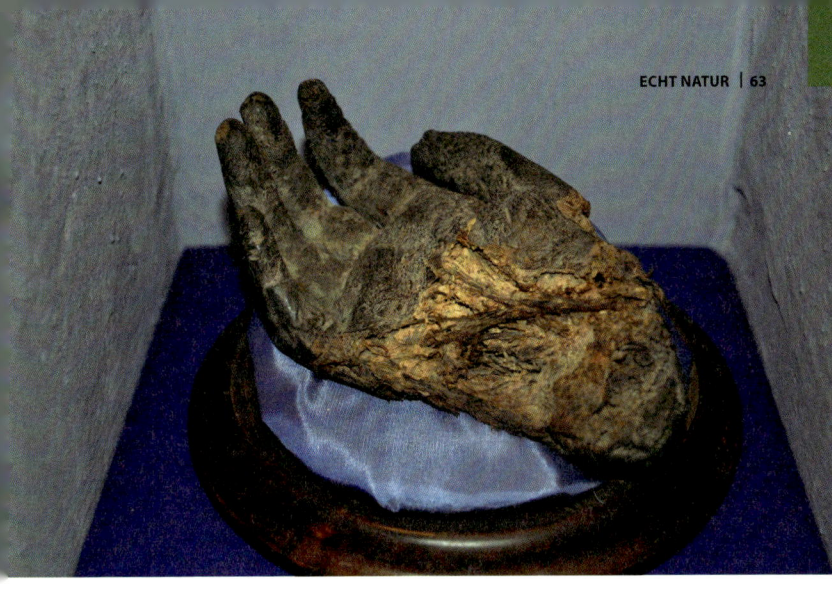

Um die „Schwarze Hand" ranken sich viele Legenden

hänge in seiner ganz eigenen Sprache erklärt. Wer am Ende das Museumsquiz
gelöst, am Rad der Zeit gedreht, Klingel-
männchen gespielt, der Konferenz der Lebewesen gelauscht und sich im Vogel-
stimmen-, Spuren-, Pflanzen- oder Zir-
penraten erprobt hat, wird feststellen,
dass einige Momente ins Land gestrichen
sind. Zeit für weitere Bödefeld-Erkun-
dungen sollte bleiben. Zum Beispiel für
eine Visite bei der „Schwarzen Hand", die
in einem Schaukasten im Eingangsbereich
der Pfarrkirche Bödefeld gegenüber des
Museums zu bestaunen ist. Über sie
wurde 1722 geschrieben: „Sie ist schwarz,
unverwest und anscheinend durch ein
scharfes Instrument vom Körper abge-
trennt worden." Nachweisbare Mittei-
lungen über Alter, Herkunft und den
Grund der Nichtverwesung liegen nicht
vor. Allerdings gibt es viele spannende
Mutmaßungen. Welche Legenden sich
um die „Schwarze Hand" ranken, steht
vor Ort.

Ein toller Anlauf- und Ausgangspunkt für
weitere Erlebnisse ist der **Naturspielplatz
Walkemühle**, der neben den klassischen

Spielgeräten und Picknickmöglichkeiten
durch ein besonders erfrischendes Angebot glänzt. Nach der naturnahen Umge-
staltung des Bächleins „Palme" wurden
Gewässer und Aue einfach in die Spielplatzlandschaft integriert. Im Resultat ist
Walkemühle ein wahres Paradies für Gewässerforscher, Staudamm-Bauer, Steine-
Sucher und Wasserratten. Gummistiefel
und Regenhose also bitte nicht vergessen.
Rund um den Spielplatz starten kürzere
bis längere Wanderrouten, die mit einem
geländefähigen Kinderwagen zu meistern, aber ohne sicherlich angenehmer
zu laufen sind. Beispielsweise die 2 km
lange Strecke zum Wildgehege (Weg beginnt rechts neben dem Spielplatz-Park-
platz). Direkt am Spielplatz startet der
1 km lange Gewässererlebnispfad Palme.
Eine weitere Tour führt zum 900 m entfernten Tretbecken mit Palme-Zugang.
Unterwegs gibt es Zwerge zu entdecken,
die im Wald Grimassenschneiden üben.
Tafeln erzählen Bödefelder Geschichte.
Der 9 km lange **„Bödefelder Hollenpfad"**,
der zahlreiche Erlebnispunkte miteinander verbindet, startet ebenfalls am Spiel-

Naturspielplatz Walkemühle: ein wahres Eldorado für Gewässerforscher, Staudamm-Bauer oder Steinesucher

platz. Gleichwohl gibt es auch einen Startpunkt im Dorf an der Kirche. Informationen zu diesen und weiteren Wanderrouten gibt es beim Verkehrsamt Bödefeld (St.-Vitus-Schützenstraße 2, Tel. 02977/355, www.ferienregion-boedefeld.de, ◷ Mo-Sa 9-11 Uhr, Mo-Fr 15-17 Uhr). Hinweis: Der Spielplatz liegt einige hundert Meter außerhalb des Ortszentrums. Zu Fuß erreicht man ihn zum Beispiel über den Bödefelder Hollenpfad (örtlicher Startpunkt direkt an der Kirche). Wer nicht laufen mag oder kleinere Kinder dabei hat, nutzt idealerweise das Auto. Dazu Bödefeld über Hunaustraße (startet an Kirche/Museum) Richtung Osterwald verlassen. Hinter dem Ortsausgangsschild nach rund 300 m in die erste Straße rechts abbiegen.

Wer mag, kann seinen Tag in Bödefeld mit einem Sprung ins kühle Nass beenden. Das kleine, aber feine Hallenbad mit Kinderbecken, Whirlpool und Sauna hat Di, Do von 15-20 Uhr, Mi von 15-18 Uhr sowie 19.30-21.30 Uhr, Fr von 15-21.30 Uhr, Sa von 14-18 Uhr und So von 8-12 Uhr geöffnet. Sauna nach Anmeldung. Tel. 02977/422, www.hallenbad-boedefeld.de.

Und im Winter? Das Skigebiet „Bödefeld Hunau" hat mit 1500 m die längste Abfahrt des Sauerlandes. Kürzere Pisten, Rodelhänge, Loipen und andere Möglichkeiten, die weiße Pracht bei Tag oder Abend zu genießen, gibt es ebenfalls. Adresse/Kontakt: Skigebiet Hunau, Hunaustraße 81, 57392 Schmallenberg, Schnee-Telefon: 02977/1212, www.hunau.de

❯❯ In der Nähe
Waldraststätte „Altes Forsthaus" (Schmallenberg)

WINTERBERG-ALTASTENBERG

Kahler Asten

☆ **Informationen**
Berggasthof Hotel Kahler Asten
Astenturm 1
Tel. 02981/9287480
www.kahlerasten.de
Öffnungszeiten:
SB-Gasthof: täglich 9-18 Uhr,
Restaurant: 11-14.15 Uhr (Mittags-
tisch), 17.30-21 Uhr (Abendtisch)

Der Name passt zur Gegend. Hoch oben auf dem zweitgrößten Berg des Rothaargebirges – knapp 842 m über dem Meeresspiegel – thront die höchste Heidelandschaft Nordrhein-Westfalens. Dazwischen sind Pfade und Wege, die an wunderschönen Ansichten, grandiosen Aussichten und Rastplätzen in idyllischer Umgebung vorbeiführen. Ganz ehrlich: Hier wird aus einem Bummel eine Exkursion in Geschichte und Vegetation eines einzigartigen Naturschutzgebietes. Interesse an Flora und Fauna vorausgesetzt. Wer sich etwas Zeit nimmt, genauer hinschaut, kann viele Besonderheiten entdecken und Wissenswertes erfahren: Da krabbeln kleine Lebewesen, dort wachsen interessante Pflanzen, an manchen Stellen informieren Tafeln und irgendwo dazwischen liegt die Lennequelle. Daran führen viele Routen des organisierten Wegenetzes vorbei, so auch der 1,5 km lange Heidelehrpfad. Der startet direkt hinter dem **Astenturm** mit Aussichtsplattform. Bis zum faszinierenden Rundblick sind es lediglich 60 Stufen. Im Inneren befindet sich eine Ausstellung über Entstehung, Veränderung und Leben auf dem Kahlen Asten. Wie facettenreich das Thema ist, zeigt sich beim Rundgang durchs kleine **Naturmuseum**: Es gibt Tier- und Pflanzenpräparate, aktuelle Wetterdaten, Schautafeln mit Hintergrundinformationen, Filme über Kleinlebewesen oder die touristische Vergangenheit des Kahlen Asten, u.v.m. Mittendrin steht ein besonderes Stück mit übergroßem Monitor. Am interaktiven Medium können Besucher viel Zeit verbringen, Informationen abrufen, Memory spielen oder Rätsel knacken. Wer dabei Hunger oder Durst bekommt, kann praktischerweise direkt nebenan im SB-Gasthof mit Außengastronomie oder eine Etage höher im Turmrestaurant einkehren.

Tipp: Der Parkplatz am Astenturm ist kostenpflichtig. Wer sich das Geld sparen möchte oder sowieso zum Wandern kommt, kann am Fuße des Kahlen Asten am Parkplatz „Nordhang" an der Hoch-

Heidelehrpfad: einer von vielen
Wanderwegen rund um die Lennequelle

Memory spielen, Rätsel knacken und vieles mehr: im kleinen Naturkundemuseum kein Problem

Der „**Sahnehang**" am Kahlen Asten ist das schneesicherste Skigebiet der Wintersportarena Sauerland. Höhenlage und Beschneiungsanlage machen es möglich. Es gibt 2 Skilifte, Rodelhang, Ski-, Snowboard- und Rodelverleih und Skischule. Kontakt: Wintersportpark Sahnehang, Am Kahlen Asten, 59955 Winterberg, Tel. 02981/3189, www.sahnehang.de

sauerland Höhenstraße parken und 2 km hoch laufen. Hinter der Hütte startet der 3 km lange Kahler-Asten-Rundweg (A1) um den Turm und durch die Heide. Festes Schuhwerk nicht vergessen, der Kinderwagen parkt Zuhause besser. Übrigens:

» In der Nähe
Bauernhofcafé Hoheleyer Hütte, Bullracer, Erlebnisberg Kappe, Kegel- und Badelandschaft im Landhotel Grimmeblick, Kurpark, Pferdeabenteuer, Sommer-Tubing-Bahn, Wintersportmuseum (Winterberg)

Diesen Ausblick kann man stundenlang genießen

WINTERBERG-HOHELEYE

Bauernhofcafé Hoheleyer Hütte

⭐ **Informationen**

Hoheleyer Hütte

Hoheleye 2 (oberhalb der B236

Richtung Bad Berleburg)

59955 Winterberg

Tel. 02758-289

www.hoheleyer-huette.de

Öffnungszeiten: Di-So 11-19 Uhr,

März, Nov., Dez. nur Sa, So geöffnet

Ausblick und Einblick liegen rund um die Hoheleyer Hütte dicht beisammen. Die Aussicht auf eine Wahnsinnslandschaft ist natürlich gegeben, für zusätzliche Perspektiven hat Landwirtfamilie Dienst gesorgt. Im Bauernhofcafé mit Panoramabiergarten gibt es mehr als deftige und süße Gerichte. Die kinderfreundlichen Schmankerl sind in Sichtweite: Rund um die Hütte grasen Kühe, Ponys und Ziegen, der kleine Spielplatz ist zum Spielen da

Rasten in echter Bauernhofkulisse: Zwischen 17 und 18 Uhr dürfen Gäste
beim Melken zuschauen

und auf der großen Wiese ist genügend
Platz zum Kicken oder Drachensteigen lassen. Reiten ist nach vorheriger Absprache
möglich. Ungewöhnlich interessant: Auf
dem Hoheleyer Hof unterhalb des Cafés
dürfen Gäste ohne Termin durch den Kuhstall marschieren. Der Blick hinter Bauernhofkulisse ist ein echtes Erlebnis, auch
wenn die meisten Kühe im Sommer auf
der Weide stehen. Die Kälbchen sind da
und manchmal macht es sich die Katzen-

Gemütlich: Katzenfamilie im Kuhstall

Im Panoramabiergarten gibt es mehr
als deftige und süße Gerichte

familie im Heu gemütlich. Texte und Pres-
seartikel an der Wand lüften Details der
täglichen Arbeit in Milchkammer und
Melkstand. Praktisch fließt die Milch zwischen 17 und 18 Uhr. Ohne Wenn und
Aber: Zuschauen erlaubt.

Tipp: An den Schilderbäumen oberhalb
der Hütte geht es in alle Richtungen weiter. Ein mögliches Wanderziel ist der 2,8
km entfernte **Barfußpfad am Rothaarsteig** in Langewiese. Der 600 m lange
Rundweg watet mit 12 Erlebnisstationen, unterschiedlichen Bodenbelägen
und Bewegungsspielen auf. Unterwegs
gibt es einen Kletterturm, Relaxliegen
und tolle Aussichten zu entdecken. An
der Schutzhütte mit Schließfächern, Fuß-
waschbecken und Tretbecken geht es
los. Für Autofahrer: Ab Hoheleyer Hütte
Richtung Winterberg fahren. Kurz vor
dem Ortsende von Langewiese an der
Schützenhalle parken (Parkplatz „Skista-
tion" an der Bundesstraße gegenüber
der Tankstelle). Der Zugang zum Pfad
liegt hinter der Schützenhalle rechts. Ab
da sind es rund 150 m zum Barfußspaß.
Info: Verkehrsverein Langewiese, Bundesstraße 24, 59955 Winterberg, Tel.
02758/457, www.langewiese.de

>> **In der Nähe**
Drehkoite Girkhausen (Bad Berleburg), Bullracer, Erlebnisberg Kappe,
Kahler Asten, Kurpark, Pferdeabenteuer, Sommer-Tubing-Bahn, Wintersportmuseum (Winterberg)

Für den Durchblick: Bis zum Barfußpfad in
Langewiese sind es wenige Kilometer

BAD BERLEBURG

Hof Espe

⭐ **Informationen**

Museum „Hof Espe"

Hof Espe

57319 Bad Berleburg

Tel. 0172/2194325

www.touristik-bad-berleburg.de

(Rubriken: Freizeittipps, Museen)

Öffnungszeiten: März-Oktober jeden

1. Sonntag und jeden 3. Mittwoch

14.30-17 Uhr oder nach Vereinbarung

Im Hof des Landwirtschaftsmuseums steht er: Der stolze „Dechentreiter Zwilling". Der erste Mähdrescher in Wittgenstein. Eine Errungenschaft in den 1940er Jahren, die sogar Heuballen machten konnte. Daneben ruhen Bindemaschinen, Jauchewagen, Mähmaschinen und allerlei Gerätschaften, die einmal auf dem Feld zum Einsatz kamen. Damals, irgendwann zwischen dem 18. und 20. Jahrhundert. Im Innern des ehemaligen Bauernhofs gibt es aus diesen Zeiten noch viel mehr zu sehen. Die Mitglieder des Heimatver-

eins haben zahlreiche Exponate zusammengetragen und mit viel Liebe zum Detail in nachgebauten Kulissen angerichtet. Beim Rundgang tauchen Besucher in Arbeit und Alltag von einst ein. Sie blicken in Ställe, Werkstätten, gute Stuben und Wohnkammern. Sie entdecken leichte bis schwere Geräte für Haus- und Landwirtschaft, Werkzeuge für das bäuerliche Handwerk und diverse dekorative und nützliche Gegenstände aus vergangenen Epochen. Ganz nebenbei erfahren sie wie Flachs zu Leinen, Getreide zu Mehl oder Milch zu Butter werden. Traktorenfreunde werden begeistert sein. Hinterm Scheunentor parken historische Trecker und Kutschen. Toll für Kinder: Mittendrin wird's natürlich heimisch. In der kleinen Ausstellung „Wild-Wald-Waldwerk" sieht man eine echte Spechthöhle, Ameisenbauten, eine prächtige Abwurfserie vom Rothirsch, reale Wildschäden, historische Fallen und einiges andere zum Thema „Jagd und Forst". Und unterm Dach gibt es allerlei Püppchen und Puppen, Spielzeug und Schnickschnack zu entdecken.

Stehen im Hof: Maschinen
vergangener Epochen

Von unten bis oben: Die Vitrinen
sind gut bestückt

Hof Espe: Beim Rundgang tauchen Besucher in Arbeit und Alltag von einst ein

Tipps für vorher oder nachher: Mittwochs hat auch die **Wisent Welt-Erlebnisausstellung** (s. S. 12) in der alten Landratsvilla von 10-16 Uhr geöffnet. Die multimediale Ausstellung präsentiert Spannendes und Wissenswertes über die größten Landsäugetiere Europas. Alternativ kann man mit dem Auto nach Kühhude fahren. Zur **Hängebrücke** (s. S. 132) geht es dann aber nur zu Fuß. Vom Wanderportal sind es knapp 2 km bis zum Abenteuer, das schwingt. Wer nicht wandern möchte, kann im Café Kühhude einkehren. Relativ schnell erreicht man auch die **Rothaar Lamas** (s. S. 14) in Wemlighausen. Dort gibt es zwar keinen Gastronomiebetrieb, dafür aber einen Wald- und Naturspielplatz sowie Picknickwiesen an der Lama-Weide.

›› In der Nähe
Drehkoite Girkhausen, Rothaarbad, Schieferschaubergwerk, Schloss (Bad Berleburg)

Kleine Ausstellung „Wild-Wald-Waldwerk"

Passt zum Ambiente: alter Lederranzen mit echten Klebebildchen

Modellbahnschau

✴ Informationen

Modellbahnschau Arfeld
Kreuzstraße im alten Schulhaus
57319 Bad Berleburg
Tel. 02755/684
www.modellbahnfreunde-arfeld.de.to
Öffnungszeiten: Oktober–April jeden
1. Sonntag im Monat 11-17 Uhr oder
nach Vereinbarung

„Nächster Halt: Arfeld!" Das war einmal. Die „Schienenrosa" ist ein Schienenbus von gestern. Heute zuckelt die „Untere Edertalbahn" durch eine rekonstruierte Landschaft. Fast so, wie es in den 1950er Jahren einmal war. Die Modellbahnfreunde haben das historische Arfeld plus ehemalige Eisenbahnstrecke nach Originalplänen eindrucksvoll im Maßstab 1:87 nachgebaut. Die Weichen sind gestellt: Während Schienen-

rosa durch die beschauliche Gegend von damals surren darf, brausen ICE und CO. nebenan durch eine aufregende Schwarzwaldlandschaft. Auf der H0-Anlage kommt mächtig Fahrt auf, wenn 24 Züge, Lkws, Busse und andere Gespanne grüne Welle haben. Ein Augenschmaus für Zuschauer: Bei Tag- und Nachtbetrieb gibt es in nahezu jeder Ecke etwas zu entdecken: rauchende Schlote, zwitschernde Kuckucke, dramatische Unfallszenen,

brennende Häuser, spektakuläre Feuerwehreinsätze ... weitere Szenen sind in Bau. Wer kommt, darf beim kreativen Basteln über die Schulter schauen.

Tipp: Nachfragen, ob ein Besuch am 1. oder 3. Samstag zwischen April-Oktober möglich ist. Dann hat auch das **Schmiedemuseum** (s. S. 76) in Arfeld geöffnet.

Eine Reise in den Schwarzwald: feine H0-Anlage mit Tag- und Nachtbetrieb und einigen Spezialeffekten

> **>> In der Nähe**
> Hof Espe, Rothaarbad, Rothaar Lamas, Schieferschaubergwerk, Schloss, Wisent Welt (Bad Berleburg)

BAD BERLEBURG-ARFELD

Schmiedemuseum

☆ Informationen

Schmiede Arfeld

Arfetalstraße 13a

57319 Bad Berleburg

Tel. 02755/969222

www.touristik-bad-berleburg.de

(Rubriken: Freizeittipps, Museen)

Öffnungszeiten: April-Oktober jeden

1. und 3. Samstag im Monat 10-12

Uhr, für Gruppen nach Vereinbarung

In Arfeld kann es ganz schön heiß hergehen. Immer dann, wenn die Pforten zur denkmalgeschützten Schmiede aus dem 19. Jahrhundert geöffnet sind. Dann riecht es nicht nur nach Arbeit. Bei einer Vorführung des alten Schmiedehandwerks fliegen regelrecht die Funken. Dabei gilt: Freiwillige vor. Wer als Geselle hilft, das Feuer mit dem Blasebalg bei Laune zu halten, verdient das Ergebnis. In der Regel ist das ein Nagel. Entlohnung gibt es auch fürs Zuschauen: reichlich imposante Geschichte. Schließlich wurden in der Schmiede nicht nur Hufeisen für Kühe, Ochsen und Pferde angefertigt. Ein besonders findiger Schmied verstand sein Handwerk im Pläneschmieden. Mit Wasserkraft und einem ausgetüftelten System brachte er Schmiede und Wagnerei 1907 so richtig in Gang. Seine Technik funktioniert heute noch. Wie genau, klärt sich bei Besichtigung. Wer kommt, erfährt mittels

Schmiedehandwerk: Hier gibt es Theorie und Praxis

Bohrer mit Geschichte: In der Schmiede wurden nicht nur Hufeisen hergestellt

Film und Präsentation mehr über die gute alte Schmiede-Zeit, Transmission und die Herstellung von Produkten für die Landwirtschaft.

Und danach? Wie wär's mit einem **Bad in der Eder**? Vorausgesetzt das Wetter spielt mit. In Arfeld sind rund 300 m Fluss zum Schwimmen freigeben. Ein kostenloses Abenteuer in natürlicher Kulisse. Umkleidekabinen, Duschen oder einen Kiosk sucht man hier vergebens. Dafür gibt es Liegewiese, einen Steg, der ins flache Wasser führt und eine Reifenschaukel. Badeschuhe sind empfehlenswert, da der Untergrund sehr steinig ist. Zum „Naturfreibad" geht es über die Straße „Zum Köppel", die von der Arfelder Hauptstraße abzweigt. Der Steg liegt am Badehäuschen. Tipp: Ganz in der Nähe liegt das Eingangsportal zur Via Adrina, einem 21 km langen Wanderweg rund um die Ederschleifen (Tour-Info: Tourismuszentrale Bad Berleburg, Flyer-Download unter www.wittgensteiner-wanderland.de). Wer ein paar Schritte laufen möchte, findet Parkplatz und Startpunkt bei der der Übersichtskarte gegenüber der Gaststätte „Zum Bahnhof" (Arfelder Hauptstraße 1, Tel. 02755/203). Übrigens: An gleicher Stelle verläuft der **Ederauen-Radweg**. Ab Karte kann man rechts über die ehemalige Bahntrasse bis nach Raumland fahren. Dort hat samstags das **Schieferschaubergwerk** (s. S. 134) geöffnet. Routenplanung: www.radroutenplaner.nrw.de. Kartenmaterial: www.siegerland-wittgenstein-tourismus.de (Prospektanforderung).

Kostenlos: Bad in der Eder

>> **In der Nähe**
Rothaarbad, Rothaar Lamas, Schieferschaubergwerk, Schloss, Wisent Welt (Bad Berleburg)

Drehkoite

⭐ **Informationen**

Die „Drehkoite"

In der Odeborn 4

57319 Bad Berleburg

Tel. 02758/515

www.drehkoite.de

Vorführungen: jeden Donnerstag

um 15.30 Uhr

Ist das nicht eine Schnitzelbank? Nein, das ist eine über 2,50 m hohe Drehkoite, was soviel wie „Drehmulde" bedeutet. Ein traditionelles Wittgensteiner Arbeitsgerät mit Besonderheiten: Drehbänke dieser Form stehen in einer Bodenvertiefung, werden über ein Pedal angetrieben und verfügen über ein Spezialdreheisen. Mit ihrer Art wurden vor 100 Jahren noch in 85 von 95 Girkhäuser Wohnstuben Holzschüsseln hergestellt. Bis zu fünf Stück – aus einem Holzrohling. Die Herstellung von Gebrauchsgegenständen aus Holz, die bereits seit 1531 dokumentiert ist, hat im Dorf Tradition. Lange Zeit war die Tätigkeit eine, wenn nicht sogar die einzige Verdienstmöglichkeit während der harten Wintermonate. Um 1956 verschwanden die letzten Koiten aus den Häusern. In der Heimatstube hat das über 475 Jahre alte Handwerk ein Museum bekommen. Hier ist alles auf die alte Kunst der Girkhäuser Schüsseldreher und Drechsler abgestimmt. Wer eintritt, sieht Holz: Im Laden gibt es Brettchen, Kochlöffel, Schüsseln und andere Drechslerarbeiten aus dem Ort. Rundherum, oben und unten, erinnern Fotos, Gedichte, Türen, Accessoires und Drehbänke mit und ohne Transmissionsantrieb an die Vergangenheit. Mittendrin stehen die Stühle um eine 60 bis 70 cm tiefe Mulde bereit, in den Öfen knistern die Feuer – und wenn alle um die Drechselkuhle Platz genommen haben, wird wie früher eine Schüssel gedreht. Bei der rund einstündigen Demonstration geht es ins Detail: Schritt für Schritt, vom Rohling bis zum fertigen Produkt, werden Methode und Technik gezeigt, Anekdoten kundgetan, Geschichte(n) berichtet und Besonderheiten erklärt. Ganz schön aufschlussreich. Doch vermutlich eher für Erwachsene als für Kinder. Interesse am Thema und Ausdauer im Sitzen sollte man schon mitbringen. Praktischer geht es beim Löffelschnitzen zu. Wer sich nach der Vorführung darin ausprobieren möchte, sagt vor Besuch der Drehkoite telefonisch Bescheid. Den fertigen Löffel darf man natürlich mit nach Hause nehmen.

Tipp: Bis zum Bauernhofcafé Hoheleyer Hütte (s. S. 68) im Winterberger Ortsteil Hoheleye sind es knapp 6 km. Hier gibt es Essen und Trinken, Wanderwege, tolle Panoramaaussichten, Spielmöglichkeiten, Tiere und eine Art Museum im Kuhstall. Zwischen 17 und 18 Uhr ist Melkzeit, Zuschauen ist möglich.

≫ **In der Nähe**

Hof Espe, Rothaarbad, Rothaar Lamas, Schloss, Wisent Welt (Bad Berleburg), Erlebnisberg Kappe, Wintersportmuseum (Winterberg)

Die Herstellung von Holzschüsseln hat in Girkhausen Tradition.

BAD LAASPHE

Museumslandschaft

⭐ **Informationen**

Pilzkundliches Museum

Wilhelmsplatz 3 (im Haus des Gastes)

57334 Bad Laasphe

Tel. 02752/200038

www.pilzmuseum.de

Öffnungszeiten: Mi-Fr 13.30-17.30 Uhr,

Sa 12-16 Uhr, Sonderführungen nach

Absprache möglich

Sie heißen „Satansröhrling", „Eier-Bovist", „Schweinsohr" oder „Fichtenzapfen-Becherling". Den Namen zum Trotz: Zwei von ihnen sind genießbar. Welche? Das klärt sich bei einem Besuch des **Pilzmuseums**. Der optimale Ort für alle Mykologen und die, dies werden möchten. In der 200 qm² großen Ausstellung sind über 1000 Pilzexponate gefriergetrocknet und informativ angerichtet. Ideal, um heimische und exotische Pilze in natura kennenzulernen und tiefer in die Pilzkunde einzutauchen. Ein Lehrfilm und Schautafeln erläutern pilzkundliche Themen, geben Informationen zu Speisewert und Giftigkeit und Antworten. Zum Beispiel auf die Frage, warum der giftige Fliegenpilz als Glückssymbol gilt. Für alle, die es genauer wissen möchten: Regelmäßig finden Seminare mit Exkursionen für Anfänger und Fortgeschrittene statt.

Geballte Sammlung von heimischen und exotischen, essbaren und giftigen Pilzen

„Bimbo-Box": Die Affenbande spielt
im Radiomuseum auf

„Gelber Rauhfuß": eines von über
1000 Exponaten im Pilzmuseum

Weniger Pilze, dafür Radios hat das **Internationale Radiomuseum**. Hier werden Besucher nicht nur stilecht mit Musik der 1920er und 30er Jahren begrüßt, bei einem Bummel schlendern sie mal eben an über 1000 historischen und rund 400 kuriosen Geräte aus aller Herren Länder vorbei. Was noch geht, swingt: Wie die Tonmaster-Jukebox. Oder die süße „Bimbo-Box". Die musizierende Affenbande sorgte bereits in den 1950er Jahren für Unterhaltung. Ein Augen- und Ohrenschmaus, das Geld geht leider flöten. Kostenlos, aber nicht umsonst, ist der Blick ins originalgetreu eingerichtete Wohnzimmer aus den 50ern. Im Lesezimmer stehen die Regale mit radiotechnischer Literatur und Fachzeitschriften der letzten

Jahrzehnte. Wer sich für Technik, Geschichte und Entwicklung des Radios begeistert, sollte einkehren. Museumsleiter Hans Neckar weiß eine Menge zu berichten. Kontakt: Bahnhofsstraße 33, Tel. 02752/9798, ⏰ März-Okt. Di, Do, Sa, So 14.30-17 Uhr, von Nov.-Feb. nur Sa, So, Sonderführungen nach Absprache.

Tipp: Von März bis Ende Oktober haben beide Museen dienstags, donnerstags und samstags zeitgleich geöffnet. Eine gute Gelegenheit für eine nachmittägliche Museumstour. Vielleicht bleibt danach noch Zeit für einen **Themenspaziergang** (s. S. 82) mit Einkehr in der Berghütte zur Teufelskanzel, eine Runde Minigolf oder einen Freibad-Besuch im Wabach-Bad.

> **In der Nähe**
> Trafostation Amalienhütte, Heimatmuseum Banfetal, Heimatmuseum Oberes Lahntal (Bad Laasphe)

Tolle Aussicht: Viele Wege führen durch und um Bad Laasphe

Themenspaziergänge

> ### ⭐ Informationen
> Haus des Gastes
> Wilhelmsplatz 3
> 57334 Bad Laasphe
> Tel. 02752/898
> www.tourismus-badlaasphe.de
> (Themenwege: Tourismus,
> Kultur&Freizeit, Mythen- und
> Sagenweg: Aktiv & Wandern)
> Öffnungszeiten: Mo-Fr 8.30-18 Uhr,
> Sa, So 9.30-18 Uhr

In Bad Laasphe kann man prima spazieren gehen und dabei Sehenswertes erkunden. Ob bei einem gemütlichen Bummel durch die historische Altstadt oder einer längeren Route durch Stadt- und den angrenzenden Kurpark. Zahlreiche kurze bis längere Strecken beginnen rund um das Haus des Gastes (Tourismusinformation). Für kulturhistorisch interessierte Spaziergänger empfehlen sich die konzipierten Themenspaziergänge. Beispielsweise „Spurensuche – Jüdisches Leben in Bad Laasphe", „Altstadtrundgang" oder „Skulpturenspuren". Ungewöhnlich ist der „Erlebnispfad Mensch & Hund". Auf diesem Weg dürfen sich Hunde richtig austoben und dabei noch ihre Sinne schärfen. An den insgesamt acht Stationen warten Schnupperbäume, Tunnel, Würfel oder Podeste. Viele Flyer stehen im Netz, Informationen gibt es aber auch im Haus des Gastes. Ebenso zum **Mythen- und Sagenweg**. Der 12 km lange, durchaus anspruchsvolle Rundweg führt von der Altstadt hoch hinaus zur Teufelskanzel und am Hang des Puderbachtals wieder zurück. Am Wegesrand laden insgesamt 9 Tafeln mit Wittgensteiner Ge-

Schloss Wittgenstein: zu jeder Tageszeit ein Hingucker

schichte und Geschichten zur Verschnaufpause ein. Wer es zu Fuß oder mit dem Auto bis zur **Berghütte zur Teufelskanzel** schafft, hat die „Alpen" erreicht. Hier stehen drinnen wie draußen Schmankerl aus Bayern, Österreich und der Schweiz auf der Karte. Waffeln und Kuchen versüßen den Nachmittag. Alpines Flair und stilechte Musik inbegriffen. Im Garten ist eine Minigolfbahn. Kontakt: Sebastian-Kneipp-Straße 20, 57334 Bad Laasphe, Tel. 02752/4796845, www.berghuette-zurteufelskanzel.de, ⏱ Fr, Sa ab 14 Uhr, So ab 11 Uhr, Juni-August Do ab 16 Uhr.

Tipp: In der Freibad-Saison lockt das **Wabach-Bad** mit Breitwasserrutsche, Sprungtürmen, Massagedüsen, Nackenduschen, Gegenstromanlage und anderen Wasserattraktionen. Auf der Außenanlage finden sich Spielgeräte, ausreichend Liegefläche,

ein Basketball- und Beachvolleyballfeld sowie ein Freiluftschach. Neben behindertengerechten Umkleidekabinen und Sanitäranlagen verfügt das Bad über einen Wasser-Lift. Prima: Der Planschbeckenbereich mit Wassersprinklern und Rutsche wird mit einem großen Segel vor der Sonne geschützt. Kontakt: Gennernbach 38, 57334 Bad Laasphe, Tel. 02752/9472, www.wabach-bad.de, ⏱ in der Freibadsaison: Mo, Mi, Sa, So 10.30-19.30 Uhr, Di, Do 6-19.30 Uhr, Fr 10.30-21 Uhr.

>> **In der Nähe**
Heimatmuseum Banfetal, Heimatmuseum Oberes Lahntal, Pilzmuseum, Radiomuseum, Trafostation Amalienhütte (Bad Laasphe)

BAD LAASPHE-BANFE

Heimatmuseum Banfetal

folgt. Im nachgebauten Stollen macht die Arbeit und die Suche nach steinigen Schätzen allerdings Laune. Fazit: In Banfe macht Geschichte auch jüngeren Kindern richtig Spaß.

Und danach? Im urigen **Gasthof-Café Roth** mit Konditorei gibt es süßes Gebäck und frisch gebackenen Kuchen. Bei schö-

So macht Geschichte Spaß: Bitte Platz nehmen und Schule spielen

In Banfe wird Geschichte lebendig. Im wahrsten Sinne des Wortes. Informationstafeln erklären und Vorführungen zeigen, wie das Leben damals war. Die liebevoll gestaltete Ausstellung präsentiert die Vor- und Frühgeschichte, historische Arbeitsstätten, die bäuerliche Wohn- und Arbeitswelt des Wittgensteiner Landes sowie eine ostdeutsche Heimatstube. In nahezu jedem Winkel des 200 Jahre alten Bauernhauses, im Garten und auch in den Stallungen gibt es einiges zu entdecken, zu erleben und manches zum Ausprobieren. Wie im alten Klassenzimmer. Wer mag, darf auf den Bänken Platz nehmen und Schule spielen. Der Ernst des Lebens

>> **In der Nähe**
Heimatmuseum Oberes Lahntal, Pilzmuseum, Radiomuseum, Trafostation Amalienhütte, Themenspaziergänge, Märchenwanderweg „Kleiner Rothaar" (Bad Laasphe)

Vorführungen inklusive

Museum im Bauernhof

nem Wetter auf der Gartenterrasse. Kontakt: Banfetalstraße 67, Tel. 02752/6533, Küche Mo, Di ab 17 Uhr, Fr, Sa, So ab 10 Uhr. Picknickfreunde finden am Wander-

parkplatz „In der Indel" einen frei nutzbaren **Grillplatz mit Waldspielplatz**. Dazu Banfe über den Lindenfelder Weg Richtung Feudingen verlassen.

BAD LAASPHE-FEUDINGEN

Heimatmuseum Oberes Lahntal

✿ Informationen

Heimatmuseum Oberes Lahntal
Schulweg 7
57334 Bad Laasphe
Tel. 02754/8280
www.bad-laasphe.de
(Rubriken: Freizeit & Kultur, Museen)
Öffnungszeiten: jeden 1. Sonntag im
Monat 14-17 Uhr, Sonderführungen
nach Absprache

Prinzessin Elisabeth Charlotte, Tochter eines Grafen zu Sayn Wittgenstein Hohenstein war erst 17 Jahre alt, als sie 1662 auf schicksalhafte Weise ums Leben kam. Wer ihren schön verzierten Kupfer-Sarg sehen und die ganze tragische Geschichte hören möchte, muss sich bis zum Ende des Rundgangs gedulden. Die Führung geht einmal durch das alte Schulhaus. Unterwegs öffnen sich Türen – zu regionaler Geschichte um die Jahrhundertwende. Handwerksarbeit wird ebenso beleuchtet wie die bäuerliche Wohnkultur und das dörfliche Leben allgemein. Unten wie oben gibt es zahlreiche Exponate zu entdecken. Manches mit Seltenheitswert – wie der echte 12 Jahre alte Kuchen in Uromas Küche. Naschen nicht gestattet, das Gebäck gehört fest zum Inventar. In der nachgebauten Dorfschänke mit angeschlossener Poststelle ist Vespern tatsächlich erlaubt. Wer Essen und Trinken dabei hat, darf zur kulinarischen Pause Platz nehmen. Insgesamt: Empfehlenswert für Familien mit älteren Kindern, da es mehr zum Schauen und Zuhören und weniger zum Ausprobieren gibt.

Und danach? Bis zum **Spielplatz** hinter dem gelben Haus (Bücherei) sind es nur wenige Schritte. Erfrischung gibt es am **Wanderparkplatz Ilsetal**. Ein schöner Ort für ein Picknick und Wasserspiele an der flachen, aber plätschernden Ilse. Zu fin-

Blick in Uromas gute Stube

Gestelltes Kaffeekränzchen

Der Kupfer-Sarg von 1662 zeigt das Bildnis von Prinzessin Elisabeth Charlotte

den an der Straße „Zum Ilsetal" Richtung Banfe. Das beheizte **Freibad** mit Sprungtürmen, Breitwasserrutsche und Kleinkindbereich ist eine Alternative. Kontakt: Auf den Weiherhöfen 13, Tel. 02754/8123, www.freibad-feudingen.de, ☉ bei gutem Wetter in der Badesaison Mo-Fr 12.30-19.30 Uhr, Sa, So 10.30-19.30 Uhr.

>> **In der Nähe**
Heimatmuseum Banfetal, Pilzmuseum, Radiomuseum, Trafostation Amalienhütte, Themenspaziergänge, Märchenwanderweg „Kleiner Rothaar" (Bad Laasphe)

Druckerplatten zum Anfassen

Kluge Aussage im Eingangsbereich

BAD LAASPHE-NIEDERLAASPHE

Trafostation Amalienhütte

☆ **Informationen**

Industriemuseum Trafostation
Amalienhütte
Auweg
57334 Bad Laasphe
Tel. 02752/7824
www.niederlaasphe.de
Öffnungszeiten: Von März bis September jeden letzten Sonntag im Monat
14-17 Uhr, Sonderführungen nach
Absprache

Bitte schalten – Gefahr ist nicht vorhanden. Nicht mehr. Bis 1975 gab es im 1924 errichteten Schalt- und Transformatorenhaus der Amalienhütte mächtig Strom. Heute darf man im kleinen Industriemuseum beherzt auf die Knöpfe drücken, Schalter umlegen und Experimente wagen. Hier kann man Glühbirnen zum Leuchten und Schellen zum Läuten bringen, die Kraft der Lunge prüfen, den eigenen Puls sichtbar machen oder über Wasserkraft staunen. Beim Rundgang kommt man an vielen Versuchsmodellen in Haus und Garten vorbei, die von den Mitgliedern des Vereins für Kultur- und Heimatpflege Niederlaasphe mit viel Liebe zum Detail angefertigt wurden. Die kleinen bis großen Forschungsstationen passen zum Ambiente. Schließlich ist die Trafostation ein industriegeschichtliches Denkmal mit hochspannender Vergangenheit. Die diversen Schaltgeräte, Verteileranlagen, Schutz- und Messanlagen sind echt. Edle Hingucker inklusive: Ganze 15 Marmor-

schaltfelder bringen die Frontpartie der Niederspannungsschaltanlage zum Glänzen. Schön zu sehen, interessant zu wissen: Beim Gang durch die Schalträume kann man ganz nebenbei erfahren, wie damals Strom erzeugt wurde. Alles in allem: Wer technisch und physikalisch interessiert ist, kann an diesem Ort tief in die Materie eintauchen. Keine Vorkenntnisse nötig: Das Experimentieren an den Modellen macht bereits Vorschulkindern Spaß.

Und danach? Wie wär's mit einem Picknick an der Sonne und/oder einem Spaziergang zum Zwergplaneten Pluto? In un-

Schalter umlegen: in der Trafostation erlaubt

Planetenlehrpfad: eine Reise von der Sonne bis zum Pluto

mittelbarer Nähe der Trafostation startet der Weg dahin. Zum **Planetenlehrpfad**, der 1998 von Schülern des Städtischen Gymnasiums Bad Laasphe angelegt wurde, geht es über die Bahngleise neben dem Parkplatz des Industriemuseums. Das gelbe Kugelmodell der Sonne ist von dieser Stelle bereits zu sehen. Ab da führt die befestigte Strecke zu allen Planeten des Sonnensystems – in maßstabsgerechtem Abstand und Größe zur „Sonne". Immerhin 1:1.000.000.000 (Milliarde). Daten und Fakten werden auf Infotafeln an den Steinen verraten, die symbolisch für die Planeten stehen. Umgerechnet ist man auf dem Planetenlehrpfad angeblich drei- bis viermal so schnell unterwegs wie das Licht im Sonnensystem – normale Laufgeschwindigkeit vorausgesetzt. Bis zum Pluto muss man trotzdem 5970 Meter zurücklegen, Höhen und Tiefen überwinden. Das Ganze auch wieder zurück, da der Pfad kein Rundweg ist. Wem

das zu weit ist, besucht lediglich den Mars. Bis dahin sind es 228 Meter, an Merkur, Venus und Erde kommt man auch vorbei. Als Alternative bietet sich an, die Strecke mit dem Rad zu fahren. Der Planetenlehrpfad liegt strategisch günstig an einem ausgeschilderten Fahrradweg. Informationen: TKS Bad Laasphe, Tel. 02752/898, Flyer-Download: www.tourismus-badlaasphe.de (Rubriken: Aktiv & Natur, Wandern). Der Flyer liegt auch im Industriemuseum aus.

>> **In der Nähe**
Heimatmuseum Banfetal, Heimatmuseum Oberes Lahntal, Pilzmuseum, Radiomuseum, Themenspaziergänge (Bad Laasphe)

HALLENBERG

Eishäuschen

Eines gibt es im Eishäuschen nicht: kalte Füße. Eis-Zeit-Stimmung kommt trotzdem auf. Im historischen Kühlhaus wird nicht nur Hallenberger Eis-Geschichte bewahrt. Zum kleinen aber feinen Eis-

Handgeschnitzte Eisskulptur

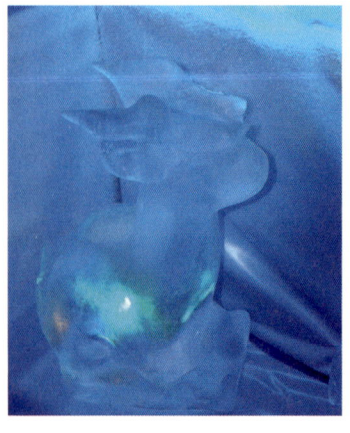

museum gehört eine „coole" Eisskulpturenschau mit einigen handgeschnitzten Objekten. Wer kommt, erfährt Eiskunde: In der Ausstellung wird glasklar beleuchtet, wie nützlich und schön zugleich gefrorenes Wasser sein kann. Besucher dürfen gerne in Vergangenheit und Gegenwart herumstochern. Davon weiß Eiskünstler Joachim Knorra zu berichten: von der mühevollen Eisgewinnung in den 1950er Jahren, der Lagerung bis zu 50 kg schwerer Eisblöcke und natürlich von der Kunst des Eisschnitzens. Wer tiefer in die Materie eintauchen möchte, kann beizeiten an einem Eisschnitzseminar teilnehmen. Im Eiskunstatelier von Joachim Knorra können Familien und größere Gruppen ihre eigene Eisskulptur schnitzen. Die darf man dann natürlich auch mit nach Hause nehmen. Informationen dazu gibt es direkt im Eishäuschen.

Und danach? Bis zum überdimensionalen **Baumhaus** sind es rund 500 Meter. Jüngere Kinder finden die Besteigung des sogenannten Vogelbeobachtungsturms vermutlich interessanter als den Ausblick. So oder so; wer Lust auf Bewegung hat, kann den Abstecher verlängern, da der Turm an einem kilometerlangen, asphal-

Muscheln in Eis: Die Themen der Ausstellung wechseln jährlich

tierten Feldweg liegt. Die ideale Strecke für Kinderwagen, Laufrad und Co. Zum Turm geht es einfach zu Fuß: Dafür dem kleinen Pfad zur Brücke folgen, der hinter dem Eishäuschen beginnt. Am Wander-parkplatz links Richtung Hauptstraße gehen, diese überqueren und in den Fahrradweg Richtung Bromskirchen abzweigen. An der Gabelung links halten, geradeaus bis zum Ziel.

Vogelbeobachtungsturm in den Nuhnewiesen

HALLENBERG

Freilichtbühne

⭐ **Informationen**

Freilichtbühne Hallenberg e. V.
Freilichtbühnenweg 14
59969 Hallenberg
Tel.02984/929190
www.freilichtbuehne-hallenberg.de
Öffnungszeiten der Geschäftsstelle:
Mo, Mi, Fr 9-12 Uhr, Di, Do 14-17 Uhr,
Mai-August Sa, So 10-12 Uhr

Platz, in der Gaststätte können sie sich vor oder nach der Aufführung stärken. Spielzeit ist von Juni bis Anfang September. Aktuelle Stücke für Kinder und Erwachsene, Termine und Zeiten stehen im Internet. Eintrittskarten gibt es an der Tageskasse, in der Geschäftsstelle oder über Online-Reservierung.

Freilufttheater für Kinder und Erwachsene: Bis zu 1400 Besucher können hautnah dabei sein

Bühne frei für die Helden. Vorhang auf für die Mitwirkenden der Freilichtbühne Hallenberg. Seit 1971 verzaubern sie mit den beliebten Geschichten und Abenteuern von Mogli, Jim Knopf oder Tabaluga. Biene Maja, Pippi oder Alice im Wunderland. Jeden Sommer, Saison für Saison, präsentieren Dutzende von Laiendarstellern spannendes Theater für Kinder (und Erwachsene!). Zusammen sind etwa 140 Vereinsmitglieder vor und hinter dem Rampenlicht aktiv, um die Spielflächen mit Bühnenbildern zu füllen, Kostüme zu schneidern oder den richtigen Ton zu treffen. Die Effekte begeistern – bis zu 1400 Besucher können das vor waschechter Naturkulisse erleben. Auf der nahezu komplett überdachten Tribüne finden sie

>> **In der Nähe**
Eishäuschen, Medebacher Bucht, Naturbad, Rocky's Hof (Hallenberg), Schwerspatmuseum (Medebach), Borgs Scheune (Winterberg)

Bühnenreif: Simba – König der Löwen

Echt heiß: Feuerspucker bei Jim Knopf

Tipp: Wer schon morgens anreist, kann vor dem Theater gut eine Runde durch die verwinkelten Gassen im historischen Kern von Hallenberg marschieren. In der Tourismusinformation am Marktplatz präsentiert eine Ausstellung regionale Geschichte, Bräuche und andere The-men. Bei schönem Wetter ist der idyl-lische **Kräutergarten** hinter dem Haus ein toller Ort für eine Auszeit mit Schnupper-probe. Kontakt: Rathausplatz 1, 59969 Hallenberg, Tel. 02984/3030, www.kump-hallenberg.de, ⏱ Mo-Sa 10-12 Uhr, Mo, Di, Do, Fr 15-17 Uhr.

HILCHENBACH-MÜSEN

Bergbauwüstung Altenberg

⭐ **Informationen**
Bergbauwüstung Altenberg
Parkplatz an der Littfelder Straße
(zwischen Müsen und Littfeld)
57271 Hilchenbach
www.stahlbergmuseum.de

Einer Sage nach, gab es einst eine reiche und schöne Stadt hoch oben auf dem Altenberg zwischen Littfeld und Müsen. Der Erzählung nach waren ihre Bewohner hartherzig und unbelehrbar. Und vielleicht, so das Ende der Überlieferung, wurde die reiche und schöne

Grundmauern aus einem
vergangenen Jahrhundert

Stadt deshalb durch ein Feuer zerstört. Wer weiß? Sicher ist, dass es im 13. Jh. tatsächlich eine Bergbausiedlung auf dem Altenberg gab, in der Erzbergbau und Erzverhüttung betrieben wurde. In den 1960er Jahren wurden einige Beweisstücke von Archäologen gefunden und freigelegt. Bei einer Wanderung über freies Feld und verschlungene Pfade kann manches davon entdeckt werden: Grundmauern früherer Gebäude, Luftlöcher von alten Stollen sowie Gräben der oberirdischen Erzgewinnung. An jeder Station erläutern Hinweistafeln die Geschichte des Ortes. Tolle Panoramaaussichten inklusive. Geschätzte Wanderzeit über das frei zugängliche Gelände: 40 Minuten, je nach Geschwindigkeit und Verweildauer.

Tipp: Wer zwischen März und November am 2. Sonntag im Monat kommt, kann eine Tour durch den **Stahlberger Erbstollen** (s. S. 140) unternehmen. In den NRW-Sommerferien ist der Gang an allen Sonntagen möglich. Im **Naturfreibad Müsen** (s. S. 28) kann man in der Badesaison prima unter freiem Himmel baden.

Wandern und Entdecken: Hier lebten Menschen, dafür gibt es ausreichend Beweise

» **In der Nähe**
Heimatmuseum Ferndorf,
Waldspielplatz (Kreuztal)

HILCHENBACH-ALLENBACH

Internatsmuseum

☆ **Informationen**

Internatsmuseum in Stift Keppel

Stift-Keppel-Weg 37

57271 Hilchenbach (Parkplätze

und Zugang an der Verwaltung)

Tel: 02733–3281

www.stiftkeppel.de

Besichtigung nach tel. Vereinbarung

Wo sind sie? Wo sind die jungen Damen, die in diesem Zimmer wohnen und arbeiten? Sind sie im Unterricht? Ihre Schulhefte und Schreibfedern liegen doch noch auf dem Tisch! Sind sie auf dem obligatorischen Spaziergang mit der „Stubenmutter"? Kaum vorstellbar. Ihre Strohhüte und gehäkelten Umhänge hängen an der Garderobe! Schlafen sie bereits? Unmöglich. Die schneeweißen Betten im Nebenzimmer sind akkurat hergerichtet. Die Szenerie, die täuschend echt wirkt, ist tatsächlich eine gelungene Rekonstruktion der Zeit, als das heutige Gymnasium Stift Keppel noch eine höhere Töchterschule mit angeschlossenem Internat war. Mit viel Liebe zum Detail und zahlreichen Exponaten wird im Internatsmuseum die Lebens-, Arbeits- und Wohnsituation einer Lehrerin und vier Schülerinnen um 1908 präsentiert, die rund um die Uhr dicht beisammen in ihrer ganz eigenen Frauenwelt

Akkurat: Schreibtisch einer Lehrerin um 1908

Zugeknöpft: Frauenmode aus vergangener Zeit

Strahlend weiße Ordnung im Mädchenschlafzimmer

lebten. Die pädagogischen Maßstäbe der 1871 gegründeten „Keppelschen Schul- und Erziehungsanstalt" waren klar definiert, die Tagesabläufe stramm strukturiert. Im Lyzeum wurden die Zöglinge in allen Facetten vornehmer Lebensführung unterrichtet und konnten, wenn sie besonders fleißig waren, eine Ausbildung zur Lehrerin machen. Bei einem Rundgang durch die Arbeits-, Schlaf- und Wohngemächer wird eines im Besonderen deutlich: Privatsphäre? Freizeit? Individualität? Was heute selbstverständlich ist, gehörte damals nicht zum Alltagskonzept. Nischen gab es trotzdem: In den Privatschränken bewahrten die Mädchen allerlei „sentimentales Heu", wie eine Lehrerin die persönlichen Kostbarkeiten ihrer Eleven titulierte. Während einer Führung werden manche Schätze plus Geschichte gelüftet. Dank Museumsleiterin Dorothea Jehmlich und ihrem umfangreichen Wissen wird ein Ausflug ins

Museum zu einer spannenden Reise ins Wilhelminische Zeitalter. Für geschichtsinteressierte Familien mit Schulkindern ein wahrer Geheimtipp.

Tipp: Bis zur **Breitenbachtalsperre** (s. S. 26) mit Spazierwegen, Abenteuerspielplatz und Einkehrmöglichkeit ist es nur ein Katzensprung.

>> **In der Nähe**

Bergbauwüstung Altenberg, Freizeitgebiet „Ginsberger Heide", Naturfreibad Müsen, Stadt-Wald-Wanderungen, Stahlberger Erbstollen, Windwanderweg (Hilchenbach), Kleiner Tierpark „Zum Hasenbahnhof" (Kirchhundem), Heimatmuseum Ferndorf, Waldspielplatz (Kreuztal), Freizeitpark, Heimatmuseum (Netphen)

KIRCHUNDEM-OBERHUNDEM

Rhein-Weser-Turm

⭐ **Informationen**

Hotel-Restaurant-Café
Rhein-Weser-Turm
57399 Kirchhundem
Tel. 02723/72242
www.rhein-weser-turm.de
Öffnungszeiten: Mo-So, feiertags
11.30-20 Uhr, Reservierung erbeten

Das Gelände um das Denkmal von 1932 ist manches zugleich: ein Portal für Wander- und Mountainbikeaktivisten, ein Ort für Wintersportanhänger, aber auch ein Platz für Feinschmecker und Biergartenfreunde. Wenn gewünscht, kann man auf 684 Meter über NN ausgiebig aktiv sein. Wandern, Mountainbikefahren, rodeln oder Skifahren. Die Möglichkeiten haben einen praktischen Grund: Der 28 m hohe Rhein-Weser-Turm liegt direkt am 154 km langen Wanderweg „Rothaarsteig" und in

Famoser Rundumblick in 28 Meter Höhe

unmittelbarer Nähe des Kirchhundemer Wintersportzentrums mit langer Rothaar-Loipe, kurzer Knülle-Loipe und Rodelhang. Der **Aussichtsturm** thront mitten drin in natürlicher Gegend. Einkehren erwünscht. Im Restaurant mit Turmcafé gibt es in Gaststube und Biergarten durchgehend warme Küche: für den kleinen und großen Hunger, regionale Gerichte wie Waffeln und hausgemachten Kuchen. Hier kommt man schließlich auch auf den Turm. Über urige Holzstiegen geht's über 113 Stufen und acht Etagen zum famosen Rundumblick. Unterwegs liegen Überraschungen: Dekorative Elemente wie Geweihe, Skier, Blechverkleidungen von 1950 und immer wieder geschmückte Tische. Die machen Sinn, denn man kann auf dem Weg nach oben ein edles, mehrgängiges Menü genießen. Nach Buchung versteht sich. So oder so, ob mit oder ohne Zwischenmahlzeiten, der Ausblick begeistert. Soweit die Augen reichen – sie sehen Wald und Natur – einfach nur Grün. Auf den Schildern steht's geschrieben: Manche Ecken Deutschlands sind weit entfernt – die Rothaarsteig-Erlebnisstation **„Schule des Waldes"** erreicht man nach einem rund 600 m langen Spaziergang über kinderwagenfreundliche Strecke. Der Weg dahin startet direkt vor dem Turm am Schilderbaum. Einfach bis zur Beschilderung „Waldschule" dem Rothaarsteigsymbol Richtung „Ginsburg" folgen. Angekommen kann man am Pult Platz nehmen und Biologielehrer spielen. Die Schüler werden bereits da sein. Die kleinen Sämlinge, die Ein-, Zwei- und Dreijährigen sowie die ganz Großen in der

letzten Reihe: Die vierjährige Rotbuche und ihre gleichaltrigen Mitschüler Lärche, Bergahorn und Fichte. Das große Klassenbuch berichtet von allen, ihren Leistungen und Zukunftsplänen. Der Pfad gegenüber ist leicht zu übersehen. Wer ihn entdeckt, findet auf zwei Tafeln Informationen zu den Rothaarstein-Böden. Zurück am Turm kann man, wie anfangs erwähnt, ausgiebig aktiv sein – Informationen: Kur- und Verkehrsverein Oberhundem, Tel. 02723/72675, www.oberhundem.de – oder anderweitig einkehren. Denn: Essen und Trinken gibt es ebenfalls im Café und Restaurant „Zur Hahnenquelle" unterhalb des Rhein-Weser-Turms. Dort stehen drinnen wie draußen kleine Gerichte, Wild, Rind, Steaks und Fisch auf der Karte. Nachmittags werden Waffeln und Kuchen serviert. Für die Kleinen gibt es einen Spielplatz. Kontakt: Tel. 02723/72050, www.zur-hahnenquelle.de, Öffnungszeiten: Mi-So ab 11 Uhr, warme Küche bis 21 Uhr.

Über 113 Stufen musst du gehen …

Und sonst? Der Turm hat eine spannende Historie. So verwundert es nicht, dass er eine Station der **„Grenzgeschichten hautnah"** ist. Das Symbol am Aufstieg zeigt es. Hier kann man MP3-Player, iPod, Smartphone oder iPhone anmachen und einer zehnminütigen Erzählung lauschen. Die Geschichte steht als Podcast zum Download im Netz. Wem das nötige Equipment zum Abspielen fehlt, kann sich im Rhein-Weser-Turm Player samt Hörstück ausleihen. Außerdem verrät die Tourismusformation Kirchhundem, welche Urlaubsbetriebe Geräte zum Verleih bereithalten.

Wer bucht, kann auf dem Weg nach oben ein mehrgängiges Menü genießen

Gut ausgestattet, können weitere Einsätze folgen. So die Idee: „Grenzgeschichten hautnah" ist die Einladung, wandern, hören und erfahren zu verbinden. Das geht ganz einfach: Im Flyer und Internet stehen einige Vorschläge für 5 bis 10 km lange Wanderungen rund um den alten Grenzverlauf zwischen Sauerland, Siegerland und Wittgensteiner Land. Die konzipierten Rundwanderwege führen allesamt an naturkundlichen und kulturhistorischen Erlebnispunkten vorbei. An den ausgewiesenen Stationen hört man Geschichte(n). Kontakt: Tourismusinformation Lennestadt & Kirchhundem, Hundemstraße 18, 57368 Lennestadt, Tel. 02723/608803, www.kirchhundem.de/grenzgeschichten

» **In der Nähe**
Fuhrmannshof, Panorama-Park (Kirchhundem)

Heimatmuseum

> ✦ **Informationen**
> Heimatmuseum Ferndorf
> Ferndorfer Straße 62
> 57223 Kreuztal
> Tel. 02732/2966
> www.ferndorf.de
> (Rubriken: Ferndorf heute, Sehens-
> würdigkeiten und Ausflugsziele)
> Öffnungszeiten: jeden 1. Sonntag im
> Monat 14-17 Uhr, Januar, Februar, Juli,
> August geschlossen, Gruppenfüh-
> rungen nach Vereinbarung

Geschichte steht in der „Roten Schule"
seit Jahrzehnten fest auf dem Lehrplan.
Im Backsteingebäude aus wilhelminischer
Zeit paukten bis 1956 noch die Volksschü-
ler. Seit 1967 bestimmt der Träger des
Heimatmuseums das Curriculum. Das
lässt sich bis heute sehen: auf 300 qm²
präsentiert die Ausstellung einen ordentlichen Rückblick. In manchen Vitrinen
schlummert Geborgenes aus der Steinzeit, in anderen Anschauliches aus den
letzten 300 Jahren. Bis unters Dach ge-

währen nachgebaute Kulissen Einblick in
Tradition, Arbeit und Alltag der Ferndor-
fer. Zahlreiche Exponate beleuchten Themen wie Wohnkultur, Landwirtschaft,
Bergbau, Handwerk oder Kindheit. Die
Funde aus der Vor- und Frühgeschichte
machen deutlich, dass die Region schon
vor der ersten Erwähnung im Jahre 1067
besiedelt war. Von alledem wissen die
Museumsmitglieder noch viel mehr zu
berichten. Wenn gewünscht, stehen sie
beim Rundgang mit ausführlichen Informationen zur Seite. Eine individuelle Mu-
seumsführung ist empfehlenswert, da es
weniger zu lesen als zu schauen gibt.
Prima: Vor dem Haus findet sich ein Spielplatz. Ideal für jüngere Besucher, die von
so viel Geschichte müde werden.

*Ein bisschen Spielzeug gibt es
auch zu sehen*

> ❯❯ **In der Nähe**
> Bergbauwüstung Altenberg, Breiten-
> bachtalsperre, Internatsmuseum, Natur-
> freibad Müsen, Stahlberger Erbstollen,
> Stadt-Wald-Wanderungen, Windwan-
> derweg (Hilchenbach), Heimatmuseum
> (Netphen), Waldspielplatz (Kreuztal)

Ohne Scannerfunktion: Registrierkasse aus alten Tagen

Und danach? Bis zum **Kindelsbergturm** in Littfeld sind es rund 10 km. Zwar zieht sich die Fahrt wie Kaugummi durch kurvenreiches Waldgebiet, doch kann dies reizvoll sein. Vor allem, wenn die Wolken tief und dicht hängen. Ist der Parkplatz „Kindelsbergturm" erreicht, können Aktivitäten folgen. Rundherum starten einige Wanderwege, zum Beispiel der 2 km lange **Waldschadenspfad** (Flyer liegen im Heimatmuseum aus). Der Rundweg beginnt etwa 50 m vom Parkplatz nach links gesehen hinter der Forstschranke. Hier findet sich die erste von 11 Tafeln, die über Waldschäden, Luftverschmutzung oder Waldbau der Zukunft berichten. Wer Hunger oder Durst hat, wird in der **Kindelsberg Raststätte** fündig. Die erreicht man nur zu Fuß nach etwa 5-10 Minuten Fußmarsch ab Parkplatz. Im Restaurant mit Biergarten, Sonnenterrasse und Spielplatz gibt es nachmittags Kuchen und Kaffee. Bis 14 und ab 17 Uhr stehen rustikale Gerichte auf der Karte. Turmaufstieg ist möglich. Kontakt: Tel. 02732/82500, www.kindelsberg.de,

🕐 Di-Sa 10-23 Uhr, So, feiertags 9-22 Uhr. Weg zum Wanderparkplatz: ins Navi „Grubenstraße", 57223 Kreuztal eingeben und bis zum Ende durchfahren).

Historische Bürotechnik: mechanischer Taschenrechner und Stempelhalter

LENNESTADT-MEGGEN

GALILEO-PARK

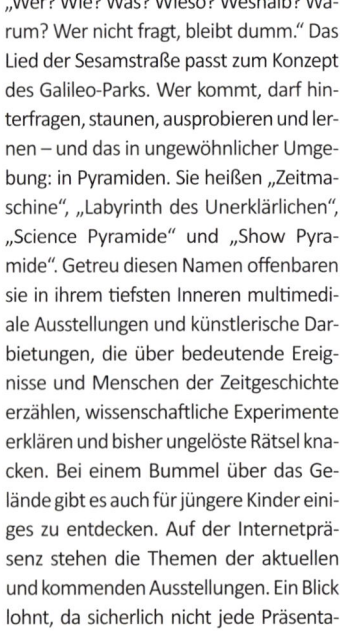

Informationen

GALILEO-PARK
Sauerland-Pyramiden 4-7
57368 Lennestadt
Tel. 02721/6007710
www.galileo-park.de
Öffnungszeiten: Di-So 10-17 Uhr

„Wer? Wie? Was? Wieso? Weshalb? Warum? Wer nicht fragt, bleibt dumm." Das Lied der Sesamstraße passt zum Konzept des Galileo-Parks. Wer kommt, darf hinterfragen, staunen, ausprobieren und lernen – und das in ungewöhnlicher Umgebung: in Pyramiden. Sie heißen „Zeitmaschine", „Labyrinth des Unerklärlichen", „Science Pyramide" und „Show Pyramide". Getreu diesen Namen offenbaren sie in ihrem tiefsten Inneren multimediale Ausstellungen und künstlerische Darbietungen, die über bedeutende Ereignisse und Menschen der Zeitgeschichte erzählen, wissenschaftliche Experimente erklären und bisher ungelöste Rätsel knacken. Bei einem Bummel über das Gelände gibt es auch für jüngere Kinder einiges zu entdecken. Auf der Internetpräsenz stehen die Themen der aktuellen und kommenden Ausstellungen. Ein Blick lohnt, da sicherlich nicht jede Präsenta-

tion für jede Altersgruppe gleichermaßen interessant ist.

Lust, noch mehr zu erfahren? Direkt gegenüber ist das **Bergbaumuseum Siciliaschacht** beheimatet. Die Pforten zur ehemaligen vollständig erhaltenen Schachtanlage „Sicilia" stehen jeden Sonntag von 15-18 Uhr offen. Gleich dahinter startet ein 4,3 km langer Wanderweg mit Schautafeln zur Bergbaugeschichte. Info: Tel.

In der Nähe
Bauernhofcafé Heinemann's Hof,
Karl-May-Festspiele, Naturerlebnisbad
Saalhausen (Lennestadt)

02721/81434, www.bergbaumuseum-siciliaschacht.de

Tipp: Auf der Bergkuppe zwischen Altenhundem und Bilstein, nur einige Kilometer vom Galileo-Park entfernt, ragt das **Ausflugsziel „Hohe Bracht"** in die Höhe. Zentrum ist der 30 Meter hohe Turm mit Restaurant und Café, in dem es Süßkram in verschiedenen Variationen, deftige Eintöpfe und Schnitzelgerichte gibt. Wer mag, kann die Treppen zur tollen Panoramaaussicht erklimmen. Hinter dem Turm verstecken sich ein Waldlabyrinth, ein Klettergerüst sowie ein 1 km langer barrierefreier Waldweg.

Park-Maskottchen: Nasenbären

Kontakt: Restaurant-Café-Aussichtssturm „Hohe Bracht", 57368 Lennestadt, Tel. 02723/2395, www.hohebracht.de, ⏰ Di-So 11-20.30 Uhr, Nov-März Mi-So 11-18 Uhr.

Erlebnispyramiden: Im tiefen Inneren liegt eine multimediale Ausstellung verborgen

MEDEBACH-DREISLAR

Schwerspatmuseum

⭐ **Informationen**
Schwerspatmuseum
Am Scheid 2
59964 Medebach
Tel. 02982/929859-24
www.schwerspatmuseum.de
Öffnungszeiten: Do, Sa, So 15-18 Uhr

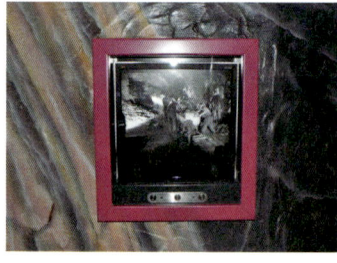

Unter-Tage-Fernsehen

Eines steht fest: Das Schwerspatmuseum ist steinreich. In der gut gefüllten Schatzkammer funkelt und glitzert es nur so vor lauter Mineralien. Wer sich davon überzeugen möchte, sollte einmal tief in das mystische Reich des Schwerspats abtauchen. Die Reise dorthin ist zeitgleich eine Exkursion in die 230-jährige Bergbaugeschichte Dreislars sowie die 4,6 Milliarden alte Erdgeschichte. Bei einem Rundgang beleuchten Filme, Exponate und Schautafeln die Entwicklung der Erde, die Entstehung von Schwerspat und die mühevolle Arbeit unter Tage. Im nachgebauten Stollen werden schließlich auch die Sinne erhellt. In der geheimnisvollen,

Im nachgebauten Stollen fahren Besucher in die Bergbaugeschichte ein

Heilige Barbara: Schutzpatronin der Bergleute

Mineralienschauen in mystischer Kulisse

farbenprächtigen Untertagewelt macht Bergbau- und Gesteinskunde auch Laien richtig Spaß. Ein Besuch empfiehlt sich für Familien mit älteren Kindern, die genügend Interesse am Thema und Ausdauer im Anschauen von Mineralien und Filmmaterial mitbringen.

Tipps für danach: Wie wär's mit einer Rast am alten **Steinbruch** rund 1 km vom Museum entfernt? Wer sucht, findet dort sicherlich einen steinigen Schatz zum Mitnehmen. Auf einer Tafel steht die Schwerspat-Geschichte von Dreislar geschrieben. Der Weg dorthin, zu Fuß oder mit dem Auto: Vom Museum ausgehend unten rechts der Medeloner Straße Richtung Ortsausgang folgen. Noch vor dem Dorfende geht es links in einen Wirtschaftsweg, die Schilder „Geologischer Aufschluss" weisen den Weg. Hinweis: An der nächsten Gabelung geht es direkt wieder links. Das dort platzierte Hinweisschild ist leicht zu übersehen.

Frischen Ziegenkäse zum Probieren und Kaufen gibt es beim **Ziegenhof Brocke** (Medeloner Straße 23, Tel. 02982/3097). Wer beim Steinbruch war, kommt am Hof vorbei. Von dort ist es schließlich nicht weit zum Wanderparkplatz „Im Schwinkel". Der als **„Wellness-Rastplatz"** bekannte Ort offenbart Picknickmöglichkeiten, ein Tretbecken, einen Barfußpfad, Liegen und Massagebäume. Anfahrt: Dreislar Richtung Medelon verlassen. Nach dem Ortsausgangsschild in die erste Straße rechts abbiegen. Ab da ist der Weg ausgeschildert.

>> **In der Nähe**
Erlebniswelt Center Parcs Park Hochsauerland, Medebacher Bucht, Ferienhof „Zur Hasenkammer" (Medebach), Eishäuschen, Freilichtbühne, Naturbad, Rocky's Hof (Hallenberg)

MEDEBACH-DÜDINGHAUSEN

Dreggestobe

Informationen

Dreggestobe im Heimathaus
Parkplatz hinter dem Heimathaus an
der Oberschledorner Straße
59964 Medebach
Tel. 05632/91342
www.duedinghausen-hsk.de
Öffnungszeiten: März-Oktober jeden
Donnerstag um 15 Uhr Vorführung,
Gruppenführungen nach Absprache

Wenn gedrechselt wird, fliegen die Späne. Im wahrsten Sinne der Darbietung: Bei der Drechslervorführung im Heimathaus können Besucher hautnah dabei sein, wenn aus einer Holzscheibe eine Schüssel entsteht. Zuschauen macht Spaß, Zuhören ist informativ: Einst war Düdinghausen das Drechslerdorf schlechthin. Zu Glanzzeiten verdienten immerhin 64 von 180 Einwohnern ihr Einkommen mit Drechslerarbeiten. Um 1900 gab es in jedem zweiten Haus eine Werkstatt. Derzeit ist der Beruf nahezu ausgestorben, in der Tenne der ehemaligen Pastorenscheune wird der Tradition ein Denkmal gesetzt. Doch wo gehobelt wird, fallen nicht nur Späne. Nach der Vorführung folgt der Rundgang durch das einstige Wirtschaftsgebäude des Pfarrers. Da gibt es heute einen kleinen Drechslerladen, eine liebevoll eingerichtete gute Stube im alten Schlafzimmer, ein Schlafzimmer in der vormaligen Knechtsstube, ungewöhnliche Drechslerarbeiten unterm Dach, Episoden aus der Frömmigkeitsgeschichte und eine Ausstellung zur über 900 Jahre alten Dorfgeschichte. Alles in allem: Ein spannender Ausflug, auch für jüngere Kinder empfehlenswert.

Tipp: In Düdinghausen gibt es direkt vier **Steinbrüche**. Ein Abstecher ist eine kleine Reise in die Erdgeschichte. Auf Tafeln werden geologische Hintergrundinformationen verraten und mit etwas Glück kann man auch Fossilien finden. Wer sein Glück probieren möchte, erreicht den Borghagen Steinbruch ab Heimathaus-Parkplatz gut zu Fuß. Dafür am unteren Ende links in die Oberschledorner Straße abbiegen und einige hundert Meter Richtung Ortsausgang, bzw. Usseln marschieren. Zu Gerkes- und Kirchensteinbruch fährt man besser mit dem Auto. Der Weg dahin: Der Landesstraße L 854 nach Usseln bis zum ausgeschilderten Parkplatz folgen. Ab da sind es rund 700 m zu Fuß zum Kirchensteinbruch und etwa 100 m zum Gerkes Steinbruch. Für wanderfreudige Hobbygeologen: Der 6 km lange **Geologische Rundweg** (s. S. 44) verbindet alle Steinbrüche auf Strecke.

>> **In der Nähe**
Erlebniswelt Center Parcs Park Hochsauerland, Ferienhof „Zur Hasenkammer", Greten Hof, Hochseilgarten, Medebacher Bucht (Medebach)

Hautnah dabei sein, wenn aus einer
Holzscheibe eine Schüssel wird

NETPHEN

Heimatmuseum Netpherland

⭐ **Informationen**

Heimatmuseum Netpherland

Lahnstraße 47

57250 Netphen

Tel. 02738/2469

www.netphen.de

(Rubrik: Tourismus/Kultur/Freizeit)

Öffnungszeiten: Di, Mi, Fr 14-17 Uhr,

jeden 1. So im Monat 14-17 Uhr,

Gruppen nach Vereinbarung

Keine leichtes Unterfangen, aber eine spannende Museumsrallye. Das Blatt für die Exkursion durch das Heimatmuseum liegt im Eingangsbereich aus. Wer es mitnimmt, kann wie Sherlock Holmes auf Spurensuche gehen. Mit etwas Spürsinn wird er auch alle 15 Mäuse finden, die sich rund um historische Ofenrohre, Butterstampfer, Kaffeemühlen, Spinnräder und andere Ausstellungsstücke versteckt halten. Aber Vorsicht: die Fahndung führt tief hinein in regionale Vergangenheit: in Tradition, Landwirtschaft und Handwerk

der verschiedensten Epochen. Eine spannende Zeitreise, auch ohne Suchspiel. Beim Rundgang kommt man an den Stationen vorbei, die das Leben und Arbeiten der Netphener von der Frühgeschichte bis ins 20. Jahrhundert dokumentieren. Ganz schön aufschlussreich: Wer weiß schon, dass der erste motorisierte Omnibus der Welt im Siegerland auf Strecke ging? Dass die preußischen Soldaten einst auf Siegerländer Sohlen nach Frank-reich marschierten? Und dass der Begriff „Mäckes" nicht für eine bekannte Fast Food-Kette, sondern eine regionaltypische Kaffee- oder Teekanne verwendet wird? Die Führung durchs ehe-

Netphen hat eine bewegende Verkehrsgeschichte

> **In der Nähe**
> Breitenbachtalsperre, Internatsmuseum, Stadt-Wald-Wanderungen (Hilchenbach), Heimatmuseum Ferndorf, Waldspielplatz (Kreuztal), Heimatstube Irmgarteichen, Freizeitpark, Köhlerpfad, Obernautalsperre, Wassermühle (Netphen)

Wer sucht, findet auch bei den Kelten eine Maus

malige Amtshaus, vorbei an Vitrinen mit Fundstücken, nachgebauten Kulissen mit Exponaten oder funktionstüchtigen Gerätschaften, offenbart noch viel mehr zu

diesen und anderen regionalen Besonderheiten. Der Besuch lohnt, nicht nur um herauszufinden, an welchen Orten sich die Mäuse versteckt halten.

Tipp: Wer gerne auf Flohmärkte geht, kann in Netphen **„Regalfloh"** kennenlernen. Das Ladengeschäft ist gut sortiert, die Reihen gut gefüllt: Mit Trödel und Schnäppchen. Mit Dingen, die Privatpersonen hier verkaufen können. So funktioniert das Prinzip: Regalfloh stellt Fläche zur Verfügung, Verkäufer mieten ein Regal auf Zeit, preisen ihre Ware an, schauen gelegentlich vorbei, ob und was verkauft wurde und legen bei Bedarf nach. Das ist gewiss: Da ist immer etwas im Angebot. Kontakt: Neumarkt 32 (im Einkaufszentrum unterhalb des Museums), 57250 Netphen, Tel. 02738/3770110, www.regalfloh.de, Öffnungszeiten: Mo-Fr 9-18 Uhr, Sa 9-13 Uhr.

1895: Dienstantritt für den ersten Busfahrer der Welt

Alltagsszenerie: So war das damals

Heimatstube

★ **Informationen**

Heimatstube Irmgarteichen

Glockenstraße 19

57250 Netphen

Tel. 02737/9513

www.heimatverein-johannland.de

Öffnungszeiten: Jeden 1. Sonntag im

Monat von 14-17 Uhr oder nach

Vereinbarung

Die Heimatstube birgt viele Schätzchen. Im alten Schulhaus dokumentieren rund 3000 Exponate das vergangene Leben im Oberen Johannland. Ein Paar davon kann bei Zartbesaiteten zu einer echten Gänsehaut führen: zwei mumifizierte Katzenkadaver aus dem 16. und 17. Jahrhundert. Um Geister und Hexen zu vertreiben, wurden diese zur Zeit des Hexenwahns lebendig eingemauert. Das Leid der Katzen steht den verlederten Körpern geradezu ins Gesicht geschrieben. Wer sich davon nicht abschrecken lässt, darf die Katzen einmal anfassen. Generell ist die Heimatstube ein Ort zum Entdecken und Ausprobieren. Das Grammofon spielt zum Tanz auf, wenn man an der Kurbel dreht. Das Blechspielzeug hüpft durch die Gegend, wenn man es aufzieht. Der Griffel quietscht, wenn man ihn zu fest über die Schiefertafel zieht. Und ...

Nett anzusehen: Pädagogischer Reim von gestern

Rund 3000 Exponate dokumentieren das Leben von einst

Unheimlich: mumifizierte Katze aus dem 16./17. Jahrhundert

... danach? Bis zur 13 m langen **Sonnen-bank** sind es nur wenige hundert Meter. Bitte Platz nehmen und in die Ferne schweifen. Der Weg zum Ausblick wird in der Heimatstube gerne erklärt. Wer einkehren möchte, wird zu Beginn der Glockenstraße gleich zweimal fündig: In den Gasthöfen Ley (Tel. 02737/91094, www.gasthof-ley.de) und Jokebes (Tel. 02737/9583, www.gasthof-jokebes.de) werden regionale Speisen und Getränke serviert. Im Nachbarort Hainchen tummeln sich merkwürdige Gestalten. Es sind Dilldappen, Fabelwesen einer keltisch-germanischen Sippe, die seit Urzeiten im Siegerland beheimatet sind. Auf dem 2 km langen **Dilldappen-Weg** haben zehn hölzerne Nachbauten in regelmäßigen Abständen Stellung bezogen, um das vorbeiwandernde Volk mit Wissenswertem aus der Dilldappen-Welt zu versorgen. Bitte beachten: Gut möglich, dass nicht alle Informationstexte und Comics ver-ständlich sind, da die Dilldappen Siegerländer Platt sprechen. Gelegentlich sind Anstiege zu meistern. Abgesehen davon: Die Strecke ist durchgängig kinderwagenfreundlich. Sie führt durch eine nette Landschaft und schließlich auch an der einzigen **Höhenwasserburg** im südwestfälischen Raum vorbei. Wer mag, kann auch ohne Spaziergang eine Runde um die kleine Burganlage (Parkplatz: Schlossstraße) drehen. Einstieg Dilldappen-Weg: Wanderparkplatz „Hainchen" am Dillweg, 57250 Netphen. Vor dem Spielplatz steht die erste Figur. Danach den etwas verblassten Fußtapsen folgen.

>> **In der Nähe**
Märchenwanderweg „Kleiner Rothaar" (Bad Laasphe), Freizeitpark, Heimatmuseum, Köhlerpfad, Wassermühle (Netphen)

NETPHEN-NENKERSDORF

Wassermühle

⭐ **Informationen**

Wassermühle Nenkersdorf
an der Sieg-Lahn-Straße Höhe Nr. 70
Tel. 02737/3945
www.sansiwi.san.hrz.uni-siegen.de
Besichtigung nach Vereinbarung

Es klappert die Mühle an der rauschenden Sieg, klipp klapp. Bei Besichtigung ist der Hobbymüller wach, klipp klapp. Er zeigt wie die Mühle von innen aussieht und erklärt dabei das ganze Prinzip. Klipp klapp, klipp klapp, klipp klapp. Und das ist imposant: Die Wassermühle von 1240 ist ein Denkmal. Sie ist eine von wenigen funktionstüchtigen Mühlen in Deutschland, die das große Mühlensterben nach dem 2. Weltkrieg überlebt hat. Besucher können bei einem Rundgang in die Mehlherstellung von einst eintauchen. Bei einer rund einstündigen Führung wird Technik präsentiert, Inventar gezeigt und spannende Mühlengeschichte erzählt. Tipp für Familien mit jüngeren Kindern: Bei einer Kinderführung geht es weniger ins technische Detail. Vielmehr wird in 30 Minuten gezeigt, wie aus Getreide Mehl wird. Für beide Besichtigungsformate gilt: Termine werden individuell unter 02737/3945 vereinbart.

Ein Müller hatte schwer zu tragen

Vom Korn zum Mehl – ein langer Weg

Müllers ganzer Stolz: Das Denkmal von 1240 ist eine von wenigen noch funktionstüchtigen Mühlen in Deutschland

Und danach? Wer dem Wald- und Wiesenpfad hinter der Mühle nach rechts Richtung Dorfmitte folgt, erreicht nach einigen hundert Metern die **Garten- und Freizeitanlage** an der Mehrzweckhalle „Oberes Siegtal". Schlendern und Bummeln erwünscht. Hinter grünen Ecken liegen lauschige Plätze versteckt: Spiel- und Bolzplatz, Insektenhotel und kleine Baumschule, uriges Tretbecken und Picknickplatz sowie eine Teichanlage mit Seerosen. Wer den Kinderwagen dabei hat, läuft besser an der Sieg-Lahn-Straße zur Parkanlage. Autofahrer können bequem an der Mehrzweckhalle parken. Originell: Im urigen **„Wandertreff"** gibt es täglich von 14-18 Uhr Waffeln, Eis, Salate, Koteletts, Bockwurst und Co. – mitten im Wald, umgeben von einigen Rundwanderwegen ab 2 km. Zur Grillhütte kann man laufen, mit dem Auto geht's um einiges schneller. Dazu dem „Buchenweg" in der Ortsmitte Richtung Wanderparkplatz „Buchenweg" und Grillplatz folgen. Kontakt: Tel. 02737/216476.

>> **In der Nähe**

Forsthaus Hohenroth, Freizeitpark, Heimatmuseum Netphen, Heimatstube Irmgarteichen, Köhlerpfad, Obernautalsperre, Walderlebnispfad „Siegquelle" (Netphen)

SCHMALLENBERG-BAD FREDEBURG

Gerichtsmuseum

⭐ **Informationen**

Gerichtsmuseum

Im Ohle 6

57392 Schmallenberg

Tel. 02974/263

www.gerichtsmuseum.de

Termine der öffentlichen Führungen stehen im Internet. Sonderführungen nach Vereinbarung

Widerspruch unnötig – im Gerichtsmuseum bekommt man ausnahmslos Recht. In allen Abteilungen. Wer es erfahren möchte, sollte pünktlich zum Termin der öffentlichen Rechtsprechung erscheinen. Die findet in der Regel einmal im Monat stilecht im Dachgeschoss des Amtsgerichts Bad Fredeburg statt. Von Amts wegen werden die Pforten nach Einlass zur Führung wieder fest verschlossen. Wer beizeiten drin ist, wird vorschriftsmäßig Zeuge einer spannenden Anhörung. Bei einer rund einstündigen Führung durch echte und nachgebaute Kulissen wird Justiz- und Kriminalgeschichte der vergangenen Jahrhunderte detailliert beleuchtet. Mit allen Requisiten, die dazugehören: echtes „Knastinventar", eingezogene Gegenstände in Strafsachen, historische Arbeitsgeräte, rekonstruierte Gerichtsplätze, dicke Wälzer, ... – die Geschichten dazu gibt es ausführlich obendrein. Alles in allem: Die Besichtigung ist

Das passt: Gerichtsmuseum im Amtsgericht

Jede Menge Justiz- und Kriminalgeschichte

Echtes „Knastinventar", ein bisschen Fantasie – und fertig ist die nachgebaute Zelle

eine eindrucksvolle Reise in das Gerichtswesen von gestern und heute. Mit Fug und Recht empfehlenswert: insbesondere für geschichtsinteressierte Familien mit älteren Schulkindern.

Zum Kombinieren gut: Praktischerweise liegt das Gerichtsmuseum zentral im gemütlichen Dorfkern. Ideal für einen Spaziergang und eine Einkehr in einem der zahlreichen Gastronomiebetriebe. Die **Waldraststätte** „Altes Forsthaus" (s. S. 60) liegt zwar etwas auswärts, ist aber einen

Abstecher wert. Zum Gelände gehören ein Wildschweingehege und ein Spielplatz mit großem Piratenschiff.

Femelinde: Hier tagte das mittelalterliche Dorfgericht

>> **In der Nähe**
Abenteuerspielplatz „Wilde 13",
Bike-Parcours, Disc-Golf-Park, Holzerlebnisparcours, Sauerlandbad,
Schieferbergbau- und Heimatmuseum,
Thikos Kinderland (Schmallenberg)

SCHMALLENBERG-FLECKENBERG

Besteckmuseum

☆ **Informationen**

Technisches Museum Fleckenberg

Wiesenstraße 11

57392 Schmallenberg

Tel. 02972/6396

www.besteckfabrik.com

Öffnungszeiten: ganzjährig: Sa 15-17 Uhr, Vorführung: 15.15 Uhr, 16.15 Uhr, zusätzlich: 1. April bis 31. Oktober: Mo 15-17 Uhr, Vorführung 15.15 Uhr, 16.15 Uhr, Mi 10-12 Uhr, Vorführung 10.15 Uhr, 11.15 Uhr, Gruppen nach Vereinbarung

„Messer, Gabel, Schere, Licht, sind für kleine Kinder nichts." Pädagogischer Reim von gestern, der in der ehemaligen Besteckfabrik Hesse nicht gilt. Beim einstündigen Rundgang durch echte Industriekulisse ist Besteck zum Greifen nahe, die Produktion von einst mit nahezu allen Sinnen erlebbar: Es riecht nach Schmiere und Öl, die Motoren rattern, gelegentlich knallt's, an anderer Stelle fliegen die Funken. Bei der Vorführung staunen bereits Vorschulkinder, wie aus einem Blech ein Kaffeelöffel wird. So wie es von 1938 bis zur Schließung 1982 gemacht wurde: Brandel stanzen, walzen, ausstanzen, Laffe und Stiel prägen, stempeln, schleifen, polieren, fertig. Nach der Praxis folgt die Theorie. Auf dem Weg zu Schlosserei und Mühlengraben gibt es reichlich Informationen zum Gebäude von 1865, zur Historie der Besteckfabrik Hesse und zur Kraft- und Antriebsanlage.

Faszinierend: Aus einem Blech wird ein Kaffeelöffel

Ein Stück Sauerländer Industriegeschichte: 1990 wurde die Besteckfabrik unter Denkmalschutz gestellt

Zum Kombinieren interessant: Im rund 5 km entfernten Latrop finden sich **Spielplatz**, Fußerlebnisbecken und alte Mühle mit funktionstüchtigem Wasserrad, die heute ein kleines **Waldarbeiter-museum** beherbergt. Die Ausstellung, die täglich von 9-18 Uhr geöffnet ist, zeigt Exponate aus der Forstwirtschaft, Tafel erzählen die Dorfgeschichte. Parkplätze sind neben dem Dorfhaus. Wer dem Mühlenpfad Richtung Dorfmitte folgt, erreicht eine weitere Parkanlage sowie Einkehrmöglichkeiten. Tipp: Zum Gasthof Hubertushöhe gehören ein Tretbecken und eine **Minigolfanlage**. Kontakt: Latrop 11, Tel. 02972/97110, www.hubertushoehe-latrop.de

Forstgeschichte im kleinen Waldarbeitermuseum

>> **In der Nähe**

Wisent Welt ab Sommer 2012 (Bad Berleburg) Naturerlebnisbad Saalhausen (Lennestadt), Abenteuerspielplatz „Wilde 13", Bike-Parcours, Disc-Golf-Park, Holzerlebnisparcours, Kyrill-Pfad Schanze, Sauerlandbad, Thikos Kinderland, Westfälisches Schieferbergbau- und Heimatmuseum (Schmallenberg)

Westfälisches Schieferbergbau- und Heimatmuseum

⭐ **Informationen**

Westfälisches Schieferbergbau- und
Heimatmuseum Holthausen
Kirchstraße 7 (gegenüber der Kirche)
57392 Schmallenberg
Tel. 02974/6932
www.schiefer-museum.de
Öffnungszeiten: Mi, Fr, Sa 14-17 Uhr,
So 10-13 Uhr oder nach Vereinbarung

Der Startschuss fiel 1974. Ein Kreis von Enthusiasten begann, Exponate mit Geschichte zu sammeln und in drei Kellerräumen der ehemaligen Dorfschule auszustellen. Dabei blieb es nicht. Bis heute wurde das Museum der Stadt Schmallenberg dreimal erweitert. Gegenwärtig wandern Besucher durch eine 2.500 m² große Ausstellung, die eindrucksvoll die Landesgeschichte und Kultur des kurkölnischen Sauerlandes präsentiert. Wie facettenreich diese ist, zeigt sich bei einem Rundgang. Auf vier Etagen eröffnen sich die unterschiedlichsten Themenwelten. Sei es Schieferbergbau, Volks- und Heimatkunde, Wirtschaftsleben oder regionale Kunst vom 19. Jahrhundert bis zur Gegenwart. Vom Keller bis zum Dachgeschoss werden Geschichten erzählt. Von Hexenverfolgung und Volksfrömmigkeit. Von den Lebensverhältnissen der Landbevölkerung und heimischen Tieren und Pflanzen. Von „Kiepenkerlen" und Textilproduzenten. Von 500-jähriger Buchdruckkunst und Sauerländer Künstlern. Von der geologischen Entstehungsgeschichte der Region und dem mühsamen Abbau von Schiefer. Exponate zum Anfas-

Spannend: Blick in den nachgebauten Stollen

Kommt nicht zu kurz: Volks- und Heimatkunde

sen, nachgebaute Kulissen und Kunstwerke zum Staunen, Hintergrundgeräusche zum Gruseln oder Genießen und anschauliche Informationen machen den Ausflug zu einer spannenden Reise für Groß und Klein. Etwas Zeit sollte man allerdings mitbringen. Wer am Ende noch Ausdauer hat, kann einen Bummel durch den kleinen Museumspark unternehmen. Neben Werken von Bildhauern findet sich dort auch ein Spielplatz mit Picknickmöglichkeit.

Tipp: Auf dem Birkenhof kann man den Museumsbesuch mit einem Frühstück und einer Runde **Ponyreiten** starten oder bei Torte und Kaffee ausklingen lassen. Im gemütlichen **Landcafé** mit Sonnenterrasse und Spielplatz gibt es Flammkuchen, Sandwiches, Smoothies, Kuchen und Eis. Toll für Kinder: Im und um den Stall wohnen Ponys, Pferde, Kaninchen, Hühner, eine Ziege und ein Schaf. Gäste dürfen gerne vorbeischauen. Wer im Landcafé frühstücken und/oder einen geführten Ausritt machen möchte, sollte einen Tag vorher Bescheid geben. Am

Einblick in die Sauerländer Tier- und Pflanzenwelt

Birkenhof führt auch ein 2,2 km langer Kinderwagenrundweg vorbei. Kontakt: Heustraße 19, 02974/249, www.birkenhof-nowicki.de, ⏱ Mo-Fr von 14-18 Uhr sowie Sa, So von 11-19 Uhr.

> **≫ In der Nähe**
> Abenteuerspielplatz „Wilde 13",
> Besteckmuseum, Bike-Parcours,
> Disc-Golf-Park, Gerichtsmuseum,
> Holzerlebnisparcours, Sauerlandbad,
> Thikos Kinderland, Waldraststätte
> „Altes Forsthaus" (Schmallenberg)

Die Südwestfälische Galerie präsentiert regionale Kunst vom 19. Jahrhundert bis zur Gegenwart

Mit zahlreichen Exponaten aus mehr als 100 Jahren Wintersportgeschichte zeigt das kleine Museum die lange Tradition des Skisports in Winterberg

WINTERBERG-NEUASTENBERG

Westdeutsches Wintersportmuseum

⭐ **Informationen**

Westdeutsches Wintersportmuseum
über dem Museums-Café im Schultenhof
Neuastenberger Straße 17
59955 Winterberg
Tel. 02981/2636 (Museum),
02981/920229 (Schultenhof)
www.skimuseum-winterberg.de
Öffnungszeiten Museum: Di-So 11-18
Uhr, Café: Di-So 11-22 Uhr

Hier kann man sommers wie winters hereinschneien, um Winterberger Schnee von gestern zu genießen. Die Ausstellung ist präpariert, der Rundgang gespurt. Beim Langlauf geht's an über 100 Jahre alter Wintersportgeschichte vorbei. Anschauliche Hintergrundinformationen, handfeste Exponate und arrangierte Szenen belegen Tradition, Handwerk und Technik. Auf zwei Etagen kann man über Skier, Schlittschuhe und Schlitten aus vergangenen Zeiten staunen, Zubehör von anno dazumal begutachten, über die Wintermode von damals schmunzeln und einen Blick in die alte Stellmacher-Werkstatt oder das erste Fremdenverkehrszimmer von 1907 werfen. Mittwochs werden um 15 Uhr Löffel geschnitzt – stilecht – wie vor hundert Jahren – nur im April und November fällt das Löffelschnitzen aus. Eine Etage tiefer serviert das Team vom Museums-Café im Schultenhof durchgehend Kaffee, Kuchen und internationale Snacks. Der Weg zum Museum führt durch die Gaststube. Am Tresen wird der Eintritt bezahlt. Nicht zu vergessen: Liegt Schnee, kann man den Besuch natürlich noch mit echten Wintervergnügen verbinden. In unmittelbarer Nähe watet das **Postwiesen-Skigebiet** mit Flutlichtpisten, beleuchtetem Funpark für Snowboarder, Rodelhang, Skischule und Verleih auf. Kontakt: www.postwiese.de.

Und sonst? Kartfun braucht keinen Schnee. Auf der **Indoor-Kartbahn** kann man zu jeder Jahreszeit Formel 1 spielen. Dafür stehen ganze 550 Meter Strecke bereit, schnelle Karts für bis zu 60 km/h Fahrvergnügen und gedrosselte Fahrzeuge für Kinder ab 1,40 m Körpergröße. Kleinere Fahrer können in einem Doppelsitzer mitdüsen. Wem es in der 5000 m² großen Halle zu laut ist, kann ins Bistro gehen und von oben durch das Panoramafenster zuschauen. Im Event-Center nebenan sind die buchbaren Plätze für Indoor-Soccer, Volleyball, Badminton und anderes. Kontakt: Kartfun Neuastenberg & Eventcenter Winterberg, Winterberger Straße 2, 59955 Winterberg, Tel. 02981/908702, www.kartfun-astenberg.de. ⏱ Mo-Fr 15-23 Uhr, Sa, So 11-23 Uhr, an Feiertagen und in den NRW-Ferien täglich ab 11 Uhr. Ruhiger, aber nicht weniger bewegend ist der Fußmarsch von Neuastenberg zum Naturschutzgebiet **„Kahler Asten"** (s. S. 66). Neben dem Verkehrsverein (Winterberger Straße 9/Ecke Astenstraße) startet der 1,8 km lange Weg zur höchsten Heide in NRW, Aussichtsturm und kleinem Naturkundemuseum.

Ganz viel Schneespaß von gestern

Schneefreie Zone: Indoor-Kartbahn

>> **In der Nähe**
Drehkoite Girkhausen (Bad Berleburg), Bauernhofcafé Hoheleyer Hütte, Bullracer, Erlebnisberg Kappe, Kegel- und Badelandschaft im Landhotel Grimmeblick, Kurpark, Pferdeabenteuer, Summer-Tubing-Bahn (Winterberg)

WINTERBERG-ZÜSCHEN

Sagenhaft Geschichte(n) entdecken

⭐ **Informationen**

Borgs Scheune
an der Mollseifener Straße
Richtung Mollseifen,
Parkplätze an Freizeitanlage
„Bullenwiese" oder Kirche
59955 Winterberg
Tel. 02981/1270
www.zueschen.de
Öffnungszeiten: Mai-Oktober
Fr 15-17 Uhr, Sa 10-12 Uhr,
Führungen nach Vereinbarung

boden ungewissen Alters und knarrende Dielen aus dem 18. Jahrhundert. So historisch das Ambiente so geschichtlich die Ausstellung. Der Rundgang ist eine kleine Zeitreise – durch Züschen und die Erdgeschichte. Exponate aus der Erdzeit des Devons, der Steinzeit und dem Frühmittelalter beweisen das. Nicht nur drinnen. Historisches liegt in Züschen generell auf dem Weg: im historischen Kern wie in Wald und

Das ist offensichtlich: Züschener verbreiten gerne Geschichte. Insbesondere in **Borgs Scheune**. Das kleine Heimatmuseum ist die Schatzkammer des Luftkurorts. In der Zehntscheune von 1791 hat Heimatgeschichte den passenden Rahmen. Hier schreiten Besucher über original Kirchen-

Borgs Scheune: Im Denkmal von 1791 wird Heimatgeschichte gezeigt

Flur. Bei einem Bummel durchs Dorf kann man einige Zeugnisse plus Erzählungen finden. Wer sich lieber leiten lässt, folgt dem Runenzeichen des **Mythen- und Sagenweg**es, der alle historisch bedeutsamen und geheimnisvollen Orte rund um Züschen auf Strecke vereint. Laufbereitschaft und Kondition vorausgesetzt. Die ganze Erlebnistour ist 24 km lang, die kurze Variante immerhin nur 7 km. Wer kurz läuft, wird an 6 von 17 Stationen vorbeikommen und Wissenswertes auf Tafeln erfahren. Zum Beispiel über die „Dicke Linde", das „Franzosenkreuz", die historische Wegespur oder den Wappenhammer „Ante Nuhneursprung". Da gelegent-

Originaler Kirchenboden ungewissen Alters in Borgs Scheune

lich Anstiege zu meistern sind, ist die Themenwanderung eher für Familien mit Kindern im fortgeschrittenen Grundschul-

Zurück in die Vergangenheit: Der Rundgang ist eine kleine Zeitreise durch Züschen und die Erdgeschichte

Historisches liegt im Golddorf generell auf dem Weg

Brücken und Co. angebracht sind. Wer sucht, wird fündig. Einfacher geht's mit der Wanderbroschüre. Das Heft zum Weg birgt reichlich Geschichte und Details zu den einzelnen Stationen. Ein spannendes Beiwerk – auch für den individuellen Spaziergang durchs Dorf. Die Lektüre gibt es im Haus des Gastes am „Webes Platz" (Nuhnetalstraße 44, Tel. 02981/549, www.zueschen. de, ⏰ Mo-Sa 10-12 Uhr, Mo, Mi, Fr 14.30-16.30 Uhr). Dort ist auch der Startpunkt der Themenwanderung – eine Einführung findet sich neben der großen Wanderkarte am Haus des Gastes. Das erste Runenzeichen ist am Straßenschild beim Wasserrad gegenüber. Kurz geht's rechts weiter, ausgedehnt links.

alter empfehlenswert. Ein bisschen Spürsinn gehört schließlich auch dazu, da die Wegmarkierungen an Laternenpfählen,

Das passt zum Thema: Einmal da, sollte der Snack an der originellen Grillstation „Alter Bahnhof" nicht fehlen. Im über 100 Jahre alten, liebevoll restaurierten Eisenbahnwaggon werden täglich von 11-21 Uhr kleine Gerichte gereicht. Von 11-20 Uhr hat die Minigolfanlage vor Ort geöffnet.

Am Nuhne-Ursprung: eine von 17 Stationen des Mythen- und Sagenweges durch und um Züschen

An vielen Sommerwochenenden üben die niederländischen Paragliding-Schüler. Schön zu beobachten bei einer Waffel im „Pisten-Stübchen"

Beides ist an der Nuhnetalstraße 114, unweit von „Webes Platz" zu finden. An Borgs Scheune geht's an der Feuerwehr vorbei weiter hoch zum Kurpark. Dort, wo früher der Ortsbulle Weide fand, findet sich heute die Freizeitanlage „Bullenwiese" mit See, Spielplatz und Picknickmöglichkeiten. Davor startet der überwiegend flache Fuß- und Radweg Nuhnetal. Die Strecke auf der ehemaligen Bahntrasse ist ideal für eine Fahrradtour mit Kindern. Bis nach Hallenberg sind es rund 7 km.

Hoch hinaus geht's zum idyllisch gelegenen **„Pisten-Stübchen"**. Im Sommer hat die Hüttenwirtschaft Sa, So und feiertags von 11-16 Uhr geöffnet. Oftmals länger: An vielen Wochenenden üben die Paragliding-Schüler bis in den Abend. Ein spannendes Schauspiel. Der Blick in die Speisekarte zeigt: Drinnen wie draußen gibt es Deftiges und Süßes. Vor allem viele Waffelkreationen. Das Gebäck wird hier mit Birnen, Ananas, Kirschen oder Schokolade serviert.

Der Weg dahin: Züschen Richtung Mollseifen verlassen, hinter Ortsausgangsschild links in „Zum Homberg" (Skigebiet), am Campingplatz vorbei, rechts halten und lange geradeaus bis zum Parkplatz „Snow World Züschen". Die hat im Winter 6 bis zu 1450 m lange Skipisten mit Flutlichtanlage, Langlaufloipen, Theos Kinderland, Skiverleih, Rodelhang, und Snowtubing. Nur hier: Für den Spaß wird man im 4er-Lift hochgezogen. Infos: Tel. 02981/6329, www.snow-world-zueschen.de

>> **In der Nähe**

Eishäuschen, Freilichtbühne, Naturbad, Medebacher Bucht, Rocky's Hof (Hallenberg), Bullracer, Erlebnisberg Kappe, Kegel- und Badelandschaft im Landhotel Grimmeblick, Kurpark, Summer-Tubing-Bahn, Wintersportmuseum (Winterberg)

BAD BERLEBURG

Rothaarbad

> ☆ **Informationen**
> Rothaarbad
> Am Sportfeld 3
> 57139 Bad Berleburg
> Tel. 02751/7630
> www.rothaarbad.de
> Öffnungszeiten Wellen-Freibad: Mo-
> So 10-20 Uhr, Hallenbad: Di, Do, Fr 14-
> 21 Uhr, Mi 8-21 Uhr, Sa, So, feiertags
> 9-19 Uhr, Sauna: Di-Fr 14-21 Uhr, Sa
> 9-22 Uhr, So 9-19 Uhr

Im Freibad des Rothaarbads schaukeln Badegäste einmal pro Stunde auf gleicher Wellenlänge. Immer dann, wenn der Wellenbetrieb für munteren Seegang in Schwimmer- und Nichtschwimmerbecken sorgt. Nach zehn Minuten glätten sich die Wogen. Zeit den Anker zu werfen. Auf der Liegewiese, im Sprungturm- und Kletterturmbecken, im Kleinkindbereich oder am Imbiss.

Das Hallenbad lockt mit Massagedüsen, Wasserspeier, Gegenstromanlage, Therapiebecken, einem Kinderbecken mit Schiff-

chenkanal und Rutsche sowie einer kleinen, aber feinen Saunalandschaft. Im Sommer hat entweder das Freibad oder das Hallenbad geöffnet. Je nach Wetterlage. Im Zweifelsfall nachfragen oder im Internet schauen.

Tipp: Ein Besuch des Rothaarbads lässt sich ortsnah mit einer Führung durchs **Schloss** (s. S. 130), einem Rundgang durch die **Wisent Welt**-Erlebnisausstellung (s. S. 12) oder einem Bummel über **Hof Espe** (s. S. 72) verbinden. Die Schlossführungen finden nahezu täglich statt, die multimediale

Ausstellung hat dienstags und mittwochs von 10-16 Uhr und das landwirtschaftliche Museum von März bis Ende Oktober jeden 1. Sonntag und 3. Mittwoch von 14.30 bis 17.30 Uhr geöffnet.

> **>> In der Nähe**
> Drehkoite Girkhausen, Hängebrücke Kühhude, Modellbahnschau, Rothaar Lamas, Schieferschaubergwerk, Schmiedemuseum Arfeld, (Bad Berleburg)

Spaß im Freibad: Einmal pro Stunde schaukeln Badegäste für zehn Minuten auf gleicher Wellenlänge

Schloss Berleburg ist die Residenz der Fürstlichen Familie zu Sayn-Wittgenstein-Berleburg. Für Besucher werden regelmäßig die Türen geöffnet

BAD BERLEBURG

Schlossführung

> ⭐ **Informationen**
>
> Schloss der Fürsten zu
> Sayn-Wittgenstein-Berleburg
> Goetheplatz
> 57139 Bad Berleburg
> Tel. 02751/936010
> www.touristik-bad-berleburg.de
> (Rubrik: Freizeittipps)
> Führungen: Im Sommer in der Regel
> täglich, im Winter mehrmals in der
> Woche. Aktuelle Termine stehen im In-
> ternet oder können telefonisch erfragt
> werden. Gruppenführungen nach Ver-
> einbarung

Die Marschrichtung steht fest: Immer der Besuchergruppe nach. Ist das Ticket gelöst, beginnt die Reise in die gute alte Zeit, die nicht immer so gut war, wie sich im Rahmen einer Führung herausstellen wird. Dass die einstigen Bewohner von Schloss Berleburg mit blutsaugenden Wanzen zu kämpfen hatten, ist nur eine Geschichte. Zahlreiche andere werden treppauf, treppab, Gemach für Gemach bekannt gegeben. Die Besichtigung von Schloss Berleburg ist ohne Wenn und Aber ein Ausflug in Ahnenzeit und Gegenwart der Fürstlichen Familie zu Sayn-Wittgenstein-Berleburg, die hier seit Generationen Zuhause ist. Seit mehr als 750 Jahren. So kommt es, dass die meisten Türen zum Privattrakt verschlossen bleiben. Was von heute und einst zu betrachten ist, lässt staunen: Ob Mittelalter, Kaiserzeit oder Barock – der Gang durch Wohnstuben, Schlafkammern, Speisesäle, Salons, Gesellschafts- und Gästeräume ist eine spannende Zeitreise. Hinter offenen Pforten liegen Möbel, Schätze und Raritäten verborgen – einfach Schönes, Nützliches und Interessantes aus den verschiedensten Epochen: Ritterrüs-tungen, Waffen und Jagdutensilien. Kutschen, Personaluniformen und feinstes Porzellan. Imposante Geweihsammlungen, ein echtes Eisbärenfell und Gemälde. Ein Wandteppich aus chinesischer Seide, glitzernde Kronleuchter und wunderschön anmutende Stuckdecken – das alles sind nur Beispiele für das, was Besucher erwartet. Hintergrundinformationen und Anekdoten sind bei der rund einstündigen Führung inbegriffen. Ein tolles Abenteuer für geschichtsinteressierte Familien mit Kindern, die gut 60 Minuten stehen, laufen und zuhören können.

Tipp: Nach oder vor der Besichtigung bietet sich ein Spaziergang durch den Schlossgarten und/oder den angrenzenden, weitläufigen Kurpark an. Bummler können dem Weg an der Schlossmauer folgen. Nach kurzer Zeit ist die evangelische Kirche erreicht, dort geht es linkerhand wieder zu-

rück zum Schloss, das idealerweise zentral in der Berleburger Altstadt thront. Rund herum liegen ausreichend Cafés und Restaurants. Wer mag, läuft hinunter in den Stadtgarten (zwischen Mühlwiese und Poststraße). Mittendrin ist ein Spielplatz, einige Schritte weiter hat die **Wisent Welt**-Erlebnisausstellung (s. S. 12) in der Landratsvilla (Poststraße 40) dienstags und mittwochs von 10-16 Uhr geöffnet. Voraussichtlich bis Sommer 2012, dann wird die Ausstellung in den Eingangsbereich der „Wisent-Wildnis am Rothaarsteig" in Wingeshausen umziehen.

>> **In der Nähe**
Drehkoite Girkhausen, Hängebrücke Kühhude, Modellbahnschau, Rothaarbad, Rothaar Lamas, Schieferschaubergwerk, Schmiedemuseum Arfeld, (Bad Berleburg)

Malerisch: ein Spaziergang durch den Schlosspark oder den angrenzenden Kurpark des Kneipp-Heilbades Bad Berleburg

Unterwegs zu entdecken: 150 Tonnen schwere Kunst und ungewöhnliches Spinnennetz

BAD BERLEBURG-KÜHHUDE

Erlebnis Hängebrücke

> ⭐ **Informationen**
> Wanderportal Kühhude
> Homrighäuser Weg Richtung
> Kühhude bis Ende
> 57139 Bad Berleburg

Das Abenteuer von Kühhude kitzelt. Manchen an den Nerven. Anderen unter den Schuhsohlen. So doll, dass sie es nicht lassen können. Sie laufen, hopsen und federn einmal, zweimal, dreimal oder noch öfter über die 40 m lange Hängebrücke. Das schwingt. Oben der Himmel, unten ein rauschendes Bächlein, links und rechts Bäume, wohin die Augen auch blicken – irgendwann werden sie doch die kleine Erlebnisstation „Ökosystem Wald" entdecken. Bei einer Rast dürfen Insektenhotel und Co. genauer unter die Lupe genommen werden. Alles in allem: ein bewegendes Ziel für einen gemütlichen Marsch ab Wanderportal Kühhude. Dort einfach der Beschilderung „Hängebrücke" folgen. Bis zum Abenteuer und zurück sind es knapp 2 km. Festes Schuhwerk und Kindertrage

Laufen, hopsen, federn: Es gibt viele Möglichkeiten, die 40 Meter Hängebrücke zu überqueren. Bis zum Abenteuer sind es 2 km ab Wanderportal Kühhude

sind empfehlenswert, da die Strecke über Waldwege, Pfade und Baumwurzeln führt. Je nach Wetterlage sind manche Passagen matschig. Zurück am Ausgangspunkt lockt das **Café Kühhude**. In Gaststube und Biergarten mit prächtiger Aussicht werden tgl. von 11-18 Uhr kleine Tagesgerichte, Kuchen und manchmal auch Waffeln serviert. Kontakt: Tel. 02751/444913, www.kuehhude.de.

Übrigens: Auf dem Weg zur Brücke lohnt nach 600 m ein klitzekleiner Exkurs nach links. Mitten im Wald liegt ein rund 150 t schwerer Felsquader – umrahmt von monumentalen Baumstämmen. Die Skulptur „Stein-Zeit-Mensch" von Nils-Udo ist eines von 11 Werken auf dem 23 km langen **Waldskulpturenweg** zwischen Schmallenberg und Bad Berleburg. Info: Tourismuszentralen und www.waldskulpturenweg. de. Tipp: Wer am Wanderportal-Parkplatz die andere Richtung einschlägt, erreicht nach 900 m die Skulptur „Kein leichtes Spiel" und nach 2,8 km den **Kyrill-Pfad** (s. S. 164) in Schmallenberg-Schanze.

>> **In der Nähe**
Drehkoite Girkhausen, Hof Espe, Rothaarbad, Rothaar Lamas, Schieferschaubergwerk, Schloss, Wisent Welt (Bad Berleburg)

BAD BERLEBURG-RAUMLAND

Schieferschaubergwerk

☆ **Informationen**

Schieferschaubergwerk Raumland

Im Edertal 2

(nach Ortsausgang Richtung Dotzlar)

57319 Bad Berleburg

Tel. 0160/3510221

www.schaubergwerk.
wittgensteiner.com

Öffnungszeiten: 1. April – 31. Oktober

Mi, Sa 15 und 16 Uhr,

Gruppenführungen nach Absprache

„Glück auf!" Von 1860-1963 wurde in der Grube Delle Dachschiefer abgebaut. Heute wird über 450 Jahre alte Wittgensteiner Bergbaugeschichte zu Tage gefördert. Im Schieferschaubergwerk erfahren Besucher Wissenswertes über die geologische Entstehung des Schiefers, den Abbau und die Weiterverarbeitung vor Ort. So, wie es früher einmal gemacht wurde: In reiner Handarbeit. Bei einer rund einstündigen Führung geht es gut behütet tief in den Berg hinein. Konstante 7° C, tropfende Steine, Atemschwaden – der Gang durch

Abenteuerlich und interessant zugleich: Die rund einstündige Führung führt tief hinein in über 450 Jahre alte reale und nachgebaute Wittgensteiner Bergbaugeschichte

Idylle pur: Vom Schieferschaubergwerk sind es nur wenige hundert Meter bis zum Ufer der Eder. Beim Picknick auf dem „Hörre" gibt es noch mehr Aussicht

reale und nachgebaute Untertagekulisse ist alles andere als alltäglich. Hintergrundinformationen, Erzählungen und Vorführungen sind bei einer Besichtigung inbegriffen. Toll: Die Wege durchs Schaubergwerk sind barrierefrei. Warme Kleidung und festes Schuhwerk sind empfehlenswert.

Tipp: Wer sich danach die Füße vertreten möchte, kann ein Stück des 14,2 km langen **Wittgensteiner Schieferpfad**s laufen. Der Premium-Wanderweg beginnt und endet unterhalb des Parkplatzes. Info: Tourismusinformationen Bad Berleburg und Bad Laasphe, Flyer-Download: www.wittgensteiner-wanderland.de. Die **kurze Tour** führt je nach Laufgeschwindigkeit rund eine Stunde über den Schieferberg „Hörre". Dazu einfach dem Schieferpfad-Symbol, der Fledermaus, folgen. Zunächst bergauf, dann über verschlungene Wege, vorbei an Schieferbergen und Schiefer-

mauern, bis auf halber Strecke eine Picknickmöglichkeit mit famoser Aussicht auf den Ort Raumland und die idyllische Eder erreicht ist. An der nächsten Gabelung zweigt der Schieferpfad rechts zum Tagesbruch Hörre ab. Die kurze Runde geht links weiter. Direkt wieder links und am Flussufer der Eder zurück zum Parkplatz laufen. An dieser Stelle lädt der Fluss zum Spielen, Steine flitschen lassen und Verweilen ein. Teilweise führt der Weg über Schiefergeröll, ein geländetauglicher Kinderwagen schafft die Hürde.

>> **In der Nähe**
Hängebrücke Kühhude, Hof Espe, Modellbahnschau, Rothaarbad, Rothaar Lamas, Schloss, Schmiedemuseum Arfeld, Wisent Welt (Bad Berleburg)

Hier ist Fantasie gefragt: Zahlreiche „Waldwuschel" brauchen neue Frisuren aus Tannenzweigen, Moos oder anderen Naturmaterialien

BAD LAASPHE-HEILIGENBORN

Märchenwanderweg „Kleiner Rothaar"

Informationen
Märchenwanderweg
57334 Bad Laasphe-Heiligenborn
Beschilderung „Kleiner Rothaar"
folgen, geradeaus bis zum Parkplatz
mit „Rothaarmobiliar" und
Übersichtskarte
www.der-kleine-rothaar.de

Es war einmal ein alter Kobold mit knallrotem Bart, der fast bis zum Boden reichte. Man sagt, dass er magische Kräfte hatte mit denen er den Wald und seine Bewohner einst vor großer Gefahr bewahrte. Wenn er nicht gestorben ist, streift er noch heute durch das Rothaargebirge. So wie der Kleine Rothaar, der die Geschichte von damals für die Nachwelt aufgeschrieben und in Schatzkisten versteckt hat. Wer mit offenen Augen auf dem 2 km langen Märchenwanderweg spazieren geht, wird die ganze Wahrheit mit etwas Spürsinn an den geheimen Plätzen finden. Dabei steht eines fest: Die Schatzsuche begeistert bereits Kindergartenkinder. Eltern müssen sich bei diesem Ausflug nicht wundern, wenn ihnen ihre Kinder stetig eine Nasenlänge voraus sind. Auf der Strecke gibt es einfach viel zu viel zu entdecken und zu erledigen: „Waldwuschel" brauchen neue Frisuren aus Tannenzweigen, Moos oder anderen Materialen, Koboldbehausungen müssen gebaut oder erweitert werden. Als Dankeschön für die Unterstützung hat der kleine Kobold an vielen Stellen Tafeln und Bücher hinterlegt, die auf besondere Naturphänomene aufmerksam machen und Geschichten aus seinem Reich erzählen. Eine tolle Raststelle ist auf halber Strecke an der ehemaligen Pilgerstätte „Ilsequelle". Man sagt, dass die Quelle Heilkraft besitzt. Warum verrät eine Tafel. Becher auf jeden Fall mitnehmen, um einen Schluck vom leckeren „Zauberwasser" zu probieren. Für die Route empfehlen sich wasserdichte Schuhe, da einige interessante Wasserstellen zu überbrücken sind. Der Kinderwagen parkt Zuhause besser.

Prima: Mit der Familienwanderkarte „Abenteuer wandern - Mit Kindern unterwegs am Rothaarsteig" hat man die familienfreundlichen Wanderziele entlang des 154 km langen Fernwanderweges „Rothaarsteig" stets im Blick. Darin ist der Märchenwanderweg ein Tipp von über zehn Erlebnispunkten im und außerhalb des Naturparks Rothaargebirge, die der Rothaarsteigverein speziell für Kinder zusammengetragen hat. Gut zu wissen: Die Familienwanderkarte skizziert viele Orte, die in diesem Buch näher besprochen werden. Die Karte kann beim Rothaarsteigverein angefordert werden. Im Netz steht sie unter www.rothaarsteig.de, ebenso auf der koboldeigenen Internetpräsenz www.der-kleine-rothaar.de. Tipp: Beide Seiten offenbaren Extras: Wer sie anklickt, findet Lese- und Spielspaß, Bilder und Hintergrundinformationen zum Kleinen Rothaar, zu seinem Erlebnisreich und einen Online-Shop mit Fanartikeln.

Zwei Kilometer voll mit Geschichten, ...

... Schätzen und Natur pur

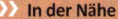

>> **In der Nähe**
Forsthaus Hohenroth, Heimatstube, Walderlebnispfad „Siegquelle" (Netphen), Heimatmuseum Banfetal, Heimatmuseum Oberes Lahntal (Bad Laasphe)

HILCHENBACH-LÜTZEL

Freizeitgebiet „Ginsberger Heide"

☆ **Informationen**

Freizeitgebiet „Ginsberger Heide"
Wanderparkplatz „Giller"
am Ende der Gillerbergstraße
57271 Hilchenbach

Tatort „Wanderparkplatz Giller": Nur einige hundert Meter entfernt, ragt eine Stahlkonstruktion stolz in den Himmel. Es ist der **Gillerbergturm**. 668 Meter über NN lässt er den Giller, die höchste Erhebung des Naturschutzgebietes „Ginsberger Heide", noch größer wirken. 1892 als Aussichtsturm errichtet, ist er noch heute ein Abenteuer wert. Wer schwindelfrei ist und die schmalen Stufen des 15 m hohen Turms erklimmt, wird mit einer famosen Panoramaaussicht belohnt. Bei gutem Wetter soll diese bis ins Siebengebirge reichen. Eine weitere Möglichkeit, in die Ferne zu schweifen, findet sich auf der rund 1,5 km entfernten **Ginsburg** (Beschilderung folgen). Der Aufstieg zum 16,5 m hohen Aussichtsturm ist zwar nicht ganz so abenteuerlich, dafür bieten sich einige interessante Ausblicke auf die Fundamente der historischen Burganlage aus dem 12. Jahrhundert. Waffeln, hausgemachte Kuchen, Schmalzbrote oder Eintöpfe gibt es in der kleinen gemütlichen Kaffeestube mit urigem Biergarten direkt an der Burganlage (🕐 Do, Fr 13-17.30 Uhr, Sa, So 11-18 Uhr). Wer nicht auf den eingetretenen Pfaden zurück zum Parkplatz marschieren möchte und Lust hat, noch mehr Ginsberger Heide zu erwandern, kann der Beschilderung „Hof Ginsberg" folgen. An einer größeren Gabelung hat man die Qual der Wahl: Rechts geht's zum Hotel-Restaurant Ginsberger Heide (Hof Ginsberg) und daran vorbei wieder Richtung Ausgangspunkt,

Die Ginsburg ist ein beliebtes Ausflugsziel in der Ginsberger Heide: Die historische Burganlage aus dem 12. Jahrhundert hat einen 16,5 Meter hohen Aussichtsturm

Der Gillerbergturm ...

... bietet eine tolle Aussicht

links weist der Weg zur Ferndorfquelle und damit zu weiteren potenziellen Zielen, die leider nicht explizit ausgeschildert sind: Hinter dem Naturerlebniskarussell und der Ranger-Station versteckt sich ein **Waldspielplatz**, eine weitläufige Anlage mit viel Grün zum Picknicken und Ballspielen und urigen Spielgeräten. Am unteren Ausgang des Spielplatzes geht es auf einem Weg direkt auf die Sprungschanze zu. Dort rechts, etwas später links, in die bekannte Straße zum Ausgangspunkt abbiegen. Die Strecke hat leichte bis mittlere Anstiege, ist aber durchgängig kinderwagenfreundlich. Grob geschätzt: 5 bis 6 km.

Tipp: Aus der großen Route eine geschätzte 2 bis 3 km lange Wanderung ma-

chen. Dafür nicht am Wanderparkplatz parken, sondern weiter unten am Waldjugendheim oder dem Hotel Ginsberger Heide, beides in der Straße „Hof Ginsberg". Dann Beschilderung „Ginsburg" folgen, danach wie beschrieben weiterlaufen. Nach der Sprungschanze geht es dann rechts und nicht links zum Ausgangspunkt zurück. Auf der Rückfahrt noch einmal am Wanderparkplatz „Giller" stoppen und die kurze Strecke zum Gillerbergturm wandern. Das Ganze geht natürlich auch umgekehrt.

Lust auf weitere Abenteuer? Beispielsweise eine geführte Fackelwanderung? Eine gemütliche Fahrt per Kutsche oder Planwagen? Eine Pferdeschlittenfahrt durch die verschneite Landschaft? Alles buchbar: Hotel „Ginsberger Heide", Tel. 02733/3224, www.hotel-ginsberger-heide.de. Toll im Winter: Unweit des Giller-Wanderparkplatzes gibt es eine frei zugängliche, 300 m lange Rodelbahn, Beschilderung folgen. Abfahrt- und Langlaufski ist ebenso möglich. Info: www.hilchenbach.de (Rubriken: Freizeit & Sport, Wintersport).

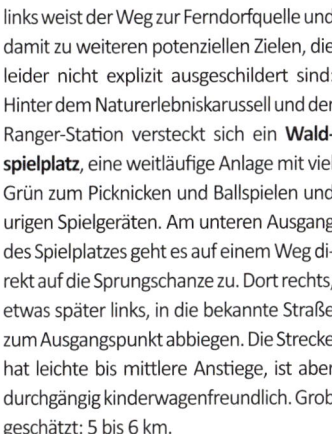

>> **In der Nähe**

Forsthaus Hohenroth, Walderlebnispfad „Siegquelle" (Netphen), Breitenbachtalsperre, Internatsmuseum, Stadt-Wald-Wanderungen (Hilchenbach), Kleiner Tierpark „Zum Hasenbahnhof" (Kirchhundem)

Ungewöhnliche Führung, 34 Meter unter Tage: Der Gang durch den Stollen führt auf bis zu 380 Stollenmeter zum nachgebauten Wasserpumpwerk

HILCHENBACH-MÜSEN

Stahlberger Erbstollen

⭐ **Informationen**

Stahlbergmuseum Müsen
Auf der Stollenhalde 4
57271 Hilchenbach
Tel. 02733/60264
www.stahlbergmuseum.de
Öffnungszeiten: März bis November
jeden 2. So im Monat 14.30-16.30 Uhr.
In den NRW-Sommerferien ist an allen
Sonntagen geöffnet. Sonderführungen
nach Absprache möglich

Der Gang durch den traditionsreichen Stahlberger Erbstollen gehört bei einer rund eineinhalbstündigen Führung durch das Stahlbergmuseum Müsen fest zum Programm. Dort, wo einst das Wasser der Grube Stahlberg abgeleitet und später auch Erz gefördert wurde, dürfen heute die Besucher gut behütet in nahezu original erhalten gebliebene Bergbaukulisse einfahren. Ein ungewöhnlicher Spaziergang, 34 m unter Tage: Der Weg durch den unterirdischen Tunnel führt auf bis zu 380 Stollenmeter zum nachgebauten Wasserpumpwerk, das selbstredend auch einmal angeschmissen wird. So lang der Marsch erscheint, die zurückgelegten Meter sind ein Pappenstiel: Im 18. und 19. Jahrhundert waren Bergleute unter Tage täglich bis zu 14 km zu Fuß unterwegs. Bei einem Rundgang werden solche Informationen Meter für Meter freigelegt. Im „Gestellsteinbruch", in dem vormals Bruchsteine abgebaut wurden, geht es praktisch zur Sache. Die Präsentation ehemaliger Abbautechniken macht schnell deutlich, dass der Arbeitsalltag unter Tage knallhart und weniger herzlich war. Wenn der Presslufthammer aus den 1930er Jahren zum Einsatz kommt, sind vermutlich alle froh, dass sie lediglich Teilnehmer einer Besichtigung sind. Die Führung ist imposant, vermutlich aber eher für ältere Kinder, die gut über eine Stunde zuhören können und Menschen, die enge Gänge nicht scheuen. Prima: Der Eintritt wird erst nach der Besichtigung bezahlt. Wer unsicher ist, ob er tatsächlich an der kompletten Führung teilnehmen möchte, kann einige Meter ein- und bei Bedarf wieder ausfahren. Feste, wasserdichte Schuhe und warme Kleidung sind empfehlenswert. Zum Museum gehört auch das 1845 erbaute Bethaus. Auf zwei Etagen werden dort Exponate des Müsener Bergbaus präsentiert.

Tipp: Den Ausflug zum Stollen kann man prima mit einem Bummel über die Bergbauwüstung Altenberg (s. S. 94) oder einen Sprung ins Naturfreibad Müsen (s. S. 28) verbinden.

>> **In der Nachbarschaft**
Breitenbachtalsperre, Stadt-Wald-Wanderungen, Windwanderweg (Hilchenbach), Kleiner Tierpark „Zum Hasenbahnhof" (Kirchhundem), Waldspielplatz (Kreuztal)

Wo früher Erz gefördert wurde, fahren heute die Besucher ein

KIRCHHUNDEM-RINSECKE

Panorama-Park

⭐ **Informationen**
Panorama-Park
Rinsecker Straße 100
57399 Kirchhundem
Tel. 02723/16220
www.panoramapark-willdpark.de
Öffnungszeiten: Mitte April bis Ende
Oktober. In der Regel tgl. 10-17 Uhr.
Die Termine werden jährlich neu
festgelegt, dann und wann (vielfach
montags) ist geschlossen. Vor dem
Besuch lieber anrufen oder einen Blick
ins Internet werfen.

Bitte früh aufstehen! Ein Besuch im Wild- und Erlebnispark braucht Zeit. In positiver Hinsicht. Die gelungene Mischung aus Tier-, Vergnügungs- und Erholungspark glänzt mit Attraktionen, die ausgiebig Laune machen. Da kommt Bewegung auf:

Safari-Zug „Pano's Express": Rehe füttern ist nur eine nur eine Möglichkeit von vielen, mit der Tierwelt im Park auf Tuchfühlung zu gehen

Fun, Fun, Fun: Der Tier-, Vergnügungs- und Erholungspark glänzt mit zahlreichen Attraktionen die ausgiebig Laune machen

1.600 m lange Sommerrodelbahn, Rutschen-Paradies, Abenteuerspielplätze, Riesen-Trampolin, Mega-Hüpfkissen, Pferdchen-Karusell, Piratenburg, und, und, und. Ganz nebenbei gibt es Spannendes rund um Flora und Fauna zu entdecken. Zahlreiche Tierarten wie Sika-, Rot-, und Damwild, Wölfe, Mufflons, Otter, Luchse, Waschbären oder Bisons wohnen im Park. Dann gibt es noch einen Streichelzoo, ein Mäusehaus, Pano's Tierschule, einen Pflanzenlehrgarten, den Wild- und Waldlehrpfad, ... – die Liste ist lang. Abenteuerlich: Einmal bei der Fütterung der Wölfe oder der Greifvogel-Flugshow zuschauen. Tierisches Vergnügen bereitet die Tour mit Pano's Express durch die „wilde" Tierwelt. Das Bähnchen bringt Gäste, Gepäck und Kinderwagen quer durch den Park, vom Tal auf den Berg, und, wenn gewünscht, wieder zurück. Praktisch, da die Anlage weitläufig und manche Wege eine beachtliche Steigung aufweisen. Besonderes Fahr-Erlebnis: Tiere schauen. Wer mag, darf unterwegs die Rehe füttern, die ihre Köpfe neugierig ins Wageninnere stecken.

Tipp: An der Kasse stehen Bollerwagen zum Verleih. Prima zum Transport müder Kinder oder die mitgebrachte Wegzehrung. Im Park gibt es an vielen Stellen Picknickmöglichkeiten in ruhiger Lage.

>> **In der Nähe**
Fuhrmannshof, Rhein-Weser-Turm (Kirchhundem)

LENNESTADT-ELSPE

Karl-May-Festspiele

☆ **Informationen**
Elspe Festival GmbH
Naturbühne 1
57368 Lennestadt
Tel. 02721/94440
www.elspe.de
Spielzeit: Juni bis September,
Tickets online, über Telefon-Hotline
oder an der Tageskasse

park sind Besucher hautnah dabei, wenn Winnetou und Old Shatterhand für Gerechtigkeit sorgen. Seit Jahrzehnten werden auf der Naturbühne Karl May-Klassiker in waschechter Wild-West-Manier inszeniert. Beim actionreichen Kräftemessen zwischen Gut und Böse rauchen nicht nur

Wer sich einen Tag wie im Wilden Westen fühlen möchte, sollte die Karl-May-Festspiele besuchen. Im Show- und Festival-

Nervenkitzel für alle Sinne:
Willkommen im Wilden Westen

die Colts. Pyrotechnische Effekte, spektakuläre Stunts und wilde Reitszenen sorgen für zusätzlichen Nervenkitzel. Prima: Ein Dach über den Zuschauerrängen schützt vor Sonne und Regen. Vor und nach der Show ist auf dem Gelände einiges los. Ein umfangreiches Rahmenprogramm macht den Ausflug zu einem ganztägigen Vergnügen. Spielplätze und Einkehrmöglichkeiten sind natürlich auch vorhanden.

Tipp: Wer bereits vor Besuch weiß, dass er definitiv in einer Gastronomie auf dem Festivalgelände einkehren möchte, kann bei Ticketbestellung direkt ein Essens-Arrangement buchen. Dabei lassen sich bis zu 20 Prozent auf den normalen Preis der Gerichte sparen.

>> **In der Nähe**
Bauernhofcafé Heinemann's Hof,
Galileo-Park (Lennestadt)

Zuschauer können hautnah dabei sein, wenn Old Shatterhand und Winnetou in altbekannter Manier auf der Naturbühne für Gerechtigkeit sorgen

MEDEBACH

Erlebniswelt Center Parcs Park Hochsauerland

⭐ **Informationen**

Center Parcs Park Hochsauerland

Sonnenalle 1

59964 Medebach

Tel. 02982/9500

www.tagesausflugcenterparcs.de

Öffnungszeiten Market Dome: Mo-So, feiertags 7 Uhr – open end, Sportcenter: Mo-So, feiertags 9-23 Uhr, Aqua Mundo: Mo-So, feiertags 10-21 Uhr

Willkommen im Schlaraffenland. Die Tore zum Center Parcs Eldorado sind geöffnet. 365 Tage im Jahr. Bei Wind und Wetter. Auch für Tagesgäste. Für Flaneure, Sportskanonen und Abenteurer. Für alle beginnt der Ausflug ins Erlebnisland im **Market Dome**. Das frei zugängliche Herzstück des Parks ist gleichzeitig die Pforte zum reichhaltigen Angebot. Im Land unter Palmen findet sich nahezu alles unter einem Dach und manches im Außenbereich: Cafés und Restaurants, kleine Läden, ein Supermarkt, Kinderspielecken und Abenteuerspielplätze, ein großer Spaß- und Sportbereich mit Automaten-Welt, Fußball-Arena, Bowling- und Kegelbahnen, Tennis-, Squash- und Badmintonplätzen und einer Mountain-Golf-Anlage. Zuschauen ist möglich, selbst ausprobieren nach Reservierung machbar. Gleiches gilt für einen Ausflug in die Saunalandschaft oder eine Reise ins **Aqua Mundo**. Ein Besuch des Erlebnisbads ist nahezu ein Muss für alle, die mehr als nur schwimmen gehen möchten. Hier kann man sich einen ganzen Tag bei 32 °C unter Palmen treiben lassen. Von einer Attraktion zu nächsten. Das gibt es: Wellenbecken, zahlreiche Seitenbecken mit sprudelnden Nischen zum Pausieren, Strömungskanal „Wilde Welle", Abenteuerspielplatz „Water Playhouse", rasante Rutschen bis 112 m Länge, Whirlpools, angenehm warmes Kleinkinderbecken, ... da ist für die ganze Familie etwas dabei. Stühle zum Ausruhen, Wickeltische am Planschbecken, Laufställe für die ganz Kleinen, Schwimmwesten zum Ausleihen, Wasserequipment zum Kaufen und Speis und Trank im Aqua Café. Toll: Hier gibt es die Snacks mit Pommes in der familienfreundlichen 1 kg Schale. Für all das gilt: Bitte Tag

Market Dome: Gastronomie, Spiel und Sport unter einem Dach

Soccer World mit Fußballschule

Toller Abenteuerspielplatz „Water Playhouse" im Erlebnisbad „Aqua Mundo": Doch Vorsicht vor dem großen Wassereimer. Ertönt das Signal, sollten nur ganz Mutige drunter stehen

und Stundenkontingent vor Anreise buchen. Das geht telefonisch unter 02982/9500 oder per Internet: www.tagesausflugcenterparcs.de.

Tipp: Ganz in der Nähe findet sich der **Ferienhof „Zur Hasenkammer"** (s. S. 42) mit Walderlebnispfad, Spielplatz und Spielscheune. Zwischen 16.30-17 Uhr ist im Kuhstall Melkzeit. Zuschauen möglich.

>> **In der Nähe**
Dreggestobe Düdinghausen, Geologischer Rundweg, Greten Hof, Hochseilgarten, Medebacher Bucht, Schwerspatmuseum (Medebach), Kegel- und Badeabenteuer im Landhotel Grimmeblick (Winterberg)

Freiluftspaß auf der Mountain-Golf-Bahn

Einfach mal treiben lassen: im „Aqua Mundo" kein Problem

MEDEBACH-KÜSTELBERG

Hochseilgarten

☆ **Informationen**

Aktiv-im-Sauerland

Schlossbergstraße 33 (Skilift)

59964 Medebach

Tel. 02981/820336

www.aktiv-im-sauerland.de

Am Fuße des Schlossbergs ist es möglich: Hier darf man aufs Podest steigen, in acht bis zehn Metern Höhenluft schnuppern und Nervenkitzel erleben. Es gilt, über den eigenen Schatten zu springen und Grenzen zu überwinden. Das Abenteuer „Hochseilgarten" besteht aus 16 Baumstämmen, die stolz in den Himmel ragen. Die Herausforderungen sind dazwischen gespannt: Hängebrücken, Leitern, Seile und Balken. Da müssen Teilnehmer durch. Bis zum Ende des Parcours. Als wahre Helden kommen sie zurück auf den Boden. Mit der Seilbahn oder über die Kletterwand. Ganz klar: Das Erlebnis ist sicher. Qualifizierte Trainer stehen zur Seite, Anlage und Material entsprechen den erforderlichen Richtlinien. Buchbar sind verschiedene Programme mit unterschiedlichen Anforderungen. Es gibt Angebote für Einzelbucher, Familien und größere Gruppen. Kinder unter 1,40 m können den Mohawk Walk (Niedrigseilgarten) erobern. Klettern am Naturfelsen ist ebenso möglich wie House-Running. Und wer mag, verbindet den Ausflug zum Hochseilgarten mit einer Runde Bogenschießen, einer Erlebniswanderung oder einem anderen Event aus der Buchungspalette. Gruppenveranstaltungen werden individuell vereinbart und nach Interessen ausgerichtet. Einzelpersonen können von

Kletterspaß für Groß und Klein, Einzelbucher und Familien

Keine Bange: Qualifizierte Trainer stehen stets zur Seite

Mai bis Oktober an festen Terminen zum Klettern kommen. Zum Beispiel mittwochs und samstags von 14-16 Uhr. Anmelden bitte nicht vergessen. Weitere Möglichkeiten stehen im Internet unter „Events", „Einzelbucher".

Tipp: Der Hochseilgarten liegt unmittelbar am Wanderparkplatz „Schlossberg". Hier starten einige Rundwanderwege wie die 2 km lange Strecke um den Schlossberg. Zur 790 m hohen Kuppe sind es ebenfalls 2 km. In der **Schlossberg-Hütte** direkt an der Kletteranlage gibt es durchgehend warme Küche. Drinnen wie draußen auf der Terrasse. Auf der Karte stehen Schnitzel, Suppen und Salate, Waffeln, Kuchen und Eis. Sommeröffnungszeiten: Fr-So ab 11 Uhr, Juni, Juli nur an den Wochenenden.

Im Winter hat die Hütte täglich bei Skiliftbetrieb geöffnet. Das gibt es im **Skigebiet Schlossberg**: 4 Lifte, Loipen, Skiverleih, Skischule, Rodelhang und **Tubingbahn**. Info: www.skigebiet-schlossberg.de, Schneetelefon: 02981/3414.

> **›› In der Nähe**
> Dreggestobe Düdinghausen, Erlebniswelt Center Parcs Park Hochsauerland, Geologischer Rundweg, Greten Hof, Medebacher Bucht (Medebach), Bullracer, Erlebnisberg Kappe, Kegel- und Badeabenteuer im Landhotel Grimmeblick, Kurpark, Pferdeabenteuer, Summer-Tubing-Bahn (Winterberg)

NETPHEN

Freizeitpark

⭐ **Informationen**

Freizeitbad Netphen

Brauersdorfer Straße 60

57250 Netphen

Tel. 02738/1616

www.fzp-netphen.de

Öffnungszeiten Hallenbad: Mo-So 10-22 Uhr, Freibad in der Saison bei gutem Wetter: Mo-So 10-19.45 Uhr

Achtung! Im **Freizeitbad** sind die Tiere los: zumindest im Kleinkinderbereich. Hier können Kinder nach Herzenslust im warmen Wasser planschen, mit Wasser speienden Affen, Pelikanen und Schlangen Schabernack treiben, auf einem Krokodil herunterrutschen oder sich gegenseitig mit Wasserkanonen beschießen. Wer sich für derlei zu alt fühlt, darf in die Röhre schauen. Über die 100 m lange Rutsche geht es mit Tempo ins Wasser. Die anschließende Erholung findet sich an der frischen Luft im behaglichen Thermalsprudelbecken, im Schwimmerbecken, im Gastrobereich mit Blick aufs Planschbecken oder in der Saunalandschaft. Im Sommer lockt das Freibad mit vielem, was dazugehört: Liegewiesen, Kinderspielplatz, Grill- und Bolzplatz, Tischtennisplatten, Streetballfeld und Beachvolleyballanlage.

Direkt nebenan: Im Sportpark Siegerland haben Spiel und Spaß eine gemeinsame

Ob im Hallenbad oder im Freibad: Im Freizeitbad sind ausreichend Planschecken vorhanden

Die 100 Meter lange Wasserrutsche macht ganzjährig Spaß

Hausnummer, Besucher die Auswahl. Hier sind die Plätze für Fitness, Indoor-Soccer, Tennis, Squash oder Badminton. Und das Gelände zum Kartfahren. Auf der

Nebenan im Sportpark: Kartbahn

Kartbahn geht es sommers wie winters rund. Unter freiem Himmel – und gelegentlich auf dem Eis. Wer lieber Pirouetten dreht, kann seine Künste in der Wintersaison auf der **Eislaufbahn** verfeinern. Information zu Angeboten, Öffnungszeiten und Preisen: Tel. 02738/4848, www.sportparksiegerland.de. Die angrenzende Minigolfanlage hat in der Sommersaison Mo-Sa von 14-22 Uhr, So, feiertags von 10-22 Uhr geöffnet. Kontakt: Tel. 02738/1505, www.mgsvnetphen.de

>> **In der Nähe**
Breitenbachtalsperre, Ginsberger Heide, Internatsmuseum (Hilchenbach), Heimatmuseum Ferndorf, Waldspielplatz (Kreuztal), Heimatmuseum Netphen, Heimatstube Irmgarteichen, Köhlerpfad, Obernautalsperre, Wassermühle (Netphen)

Walderlebnispfad „Siegquelle"

> ☆ **Informationen**
> Walderlebnispfad „Siegquelle"
> Eisenstraße
> (Verbindungsweg zwischen Hilchen-
> bach-Lützel und Netphen-Hainchen)
> 57250 Netphen

„Ein verschlungener Pfad führt Dich für ca. 1,5 Stunden zu verborgenen, heimlichen Plätzen in unseren Wald" – so steht es am Startpunkt geschrieben. Was nach Abenteuern klingt, wird auf dem Rundweg „Walderlebnispfad Siegquelle" eingehalten. Kinderwagen sind auf dieser Strecke tabu. Nur wer gut zu Fuß ist, wird die Expedition durch Wald und Holz bestehen. Aber Vorsicht: Links und rechts des Weges lauern einige Herausforderungen. Kleine und große Forscher müssen sich durch Dschungel kämpfen, stachelige Brücken überqueren, Berge hinaufkraxeln, Aussichtspunkte erklimmen oder sich in Abgründe abseilen. Nebenbei gilt es, Klanghölzer zum Schwingen zu bringen, Tiere zu entdecken, einen Blick durch die Quellbrille zu werfen, Bäume zu ertasten oder ein Ständchen auf der Waldgitarre zu spielen. Alles in allem: Walderlebnisse sind garantiert. Das Tolle: Wem Streckenabschnitte zu riskant sind, findet Alternativen.

Hunger oder Durst? Im 600 m entfernten Großenbach gibt es im **Landgasthof zur Siegquelle** warme Gerichte sowie Kaffee und Kuchen. Bei schönem Wetter auf der Sonnenterrasse. Kontakt: Großenbacher Straße 2, 57334 Bad Laasphe, Tel. 02754/8321, www.landgasthof-zur-siegquelle.de. Küche: Di-So 11-21 Uhr. Auf der anderen Straßenseite ist ein frei zugänglicher Spielplatz mit Picknickmöglichkeiten.

Der Pfad macht seinem Namen alle Ehre

> ❯❯ **In der Nähe**
> Märchenwanderweg „Kleiner Rothaar", Heimatmuseum Feudingen (Bad Laasphe), Ginsberger Heide (Hilchenbach), Forsthaus Hohenroth, Walderlebnispfad „Siegquelle" (Netphen)

SCHMALLENBERG

Thikos Kinderland

☆ Informationen

Thikos Kinderland
Auf dem Loh 12
57392 Schmallenberg
Tel. 02972/978555
www.thikos-kinderland.de
Öffnungszeiten: Mo-Fr 14-18 Uhr,
Sa, So, feiertags und NRW-Ferien
10-19 Uhr

Erst die Arbeit, dann das Vergnügen. Die wichtigste Spielregel gilt für alle: Schuhe aus, Stoppersocken an. Sobald die Straßenbekleidung in einer Kiste im Regal verstaut ist, kann die Reise durchs bunte Kinderland beginnen. Wohin zuerst? Zum Wabbelberg? Zur Hüpfburg? Zum Klettergerüst mit Wellen- und Tunnelrutsche? Oder doch lieber zum 4-Feld-Trampolin? Hmh, mal überlegen. Da hinten ist ja noch eine Malecke. Daneben Boulderwand und Soccerplatz. Kart fahren macht bestimmt auch Spaß. Vielleicht im Bällebecken starten? Oder einen Turm aus Riesen-Lego-Steinen bauen? Da die Antwort nicht leicht fällt, einfach losmarschieren. Die Attraktionen liegen unter einem Dach dicht beieinander. Draußen geht's weiter. Im Außenbereich finden sich Schaukeln, Rutschen, Kettcars – und ein großer Wasserspielplatz mit Paddelbecken. Das Angebot führt zur zweiten Spielregel: Von Mai bis September bitte Badesachen mitbringen. Scheint die Sonne vom Himmel, wird die Terrasse zum Spaßbad. Eltern dürfen mitspielen oder entspannen. Im Liegestuhl oder drinnen im Café – beides

mit Blick aufs Geschehen. Für die kulinarische Auszeit gilt Regel Nr. 3: Picknickkörbe haben keinen Zutritt. Im Kinderland gibt es deutsche und niederländische Snacks, Eis, Waffeln und eine Reihe kunterbunter Getränke. Alles in allem: Zum Ausprobieren gut!

Tipp für Wochenendausflügler: Bis zum **Flugplatz Schmallenberg-Rennefeld** sind es rund 4 km. Von April bis Ende Oktober der ideale Ort zum Selbstfliegen, Mitfliegen oder Zuschauen. Ist das Wetter gut, heben samstags und sonntags die Segelflieger und Ultraleichtflugzeuge ab. Nebenbei servieren die Vereinsmitglieder Kaffee und Kuchen, Schokolade und Getränke in den „Rennefeld-Stuben". Von der Terrasse hat man einen guten Blick auf die 875 Meter lange Graspiste. Nebenan ist ein Spielplatz mit Riesentrampolin. Kontakt: Fluggemeinschaft Rennefeld e.V., Flugplatz an der Straße „Alt Wormbach", Tel. 02972/6361, www.rennefeld.de

---

≫ In der Nähe

Abenteuerspielplatz „Wilde 13",
Besteckmuseum, Disc-Golf-Park,
Gerichtsmuseum, Holzerlebnisparcours, Kyrill-Pfad Schanze, Sauerlandbad, Schieferbergbau- und
Heimatmuseum, Waldraststätte
„Altes Forsthaus" (Schmallenberg)

Ob Outdoor oder Indoor: In Thikos
Kinderland liegen die Attraktionen
dicht beieinander

SCHMALLENBERG-BAD FREDEBURG

Bike-Parcours

Helm auf und ab geht's: Der Bad Fredeburger Bike-Parcours ist ideales Terrain
für junge Mountainbike-Fahrer. Auf der
0,5 km langen Strecke liegen 12 Herausforderungen dicht beieinander. Wer mu-
tig und sicher genug ist, wird Spaß daran
finden Wippe, Absprungschanze, Buckelpisten, Bodenwellen und Co. zu meistern.
Ist das Abenteuer zu Ende, darf man natürlich noch einmal fahren. Der frei zugängliche Bike-Parcours liegt zentral am
83,2 km langen **SauerlandRadring** und ist
damit ein optimaler Ausgangspunkt für
eine Fahrradtour. Zum Beispiel zum **Abenteuerspielplatz** „Wilde 13" (s. S. 162) in
Gleidorf. Kartendownload Radring und
Bike-Parcours: www.bad-fredeburg.de
(Rubriken: Freizeit&Sport, Sonstige Sport-
arten). Mountainbikes, Kinderräder, Kin-
dersitze und Zubehör zum Ausleihen
gibt's bei Zweirad Hennecke (Unterer Hügel 4, Tel. 02974/6002, ⏱ Mo-Fr 9-12.30

Eine Strecke, zwölf Herausforderungen für sichere und mutige Fahrer: Wippen,
Absprungschanzen, Buckelpisten, Bodenwellen, …

Ohne Frage: ideales Terrain für
junge Mountainbiker

Auf die Plätze, fertig, los. Bis zum Ziel
sind es 500 Meter

Uhr, 14.30-18 Uhr, Sa 9-13 Uhr). Neue und gebrauchte Bikes, Fahrräder für Erwachsene und einen Reparaturservice bietet Behle-Bikes (Tel. 02974/900579, www.behle-bikes.de, ⏱ Mo-Fr 17-19 Uhr, Sa 11-14 Uhr) Prima: Der Laden liegt direkt am SauerlandRadring. Tipp: Hier parken und dem Radweg Richtung Bremke folgen. Der Parcours ist nach einem knappen Kilometer erreicht.

Lust auf noch mehr Fahrradabenteuer? Die 42 km lange **Kinderland-Trekkingroute** ist dafür konzipiert. Die mittelschwere Route führt Familien einmal quer durchs Schmallenberger Sauerland, die dazugehörige Karte zeigt den Weg und viele kinderfreundliche Orte an der Strecke: Minigolf- und Spielplätze, Museen und Schwimmbäder, Eisdielen und Reitmöglichkeiten. Toll: An vier Kreuzungspunkten sind Abkürzungen möglich. Zum Kennenlernen bietet sich die 14 km lange Tour um den Wilzenberg an. Den Flyer gibt es in der Tourismusinformation Schmallenberg und im Netz unter www.schmallenberger-sauerland.de (Rubriken: Aktiv, Radfahren).

>> **In der Nähe**
Besteckmuseum, Disc-Golf-Park, Gerichtsmuseum, Holzerlebnisparcours, Sauerlandbad, Schieferbergbau- und Heimatmuseum, Thikos Kinderland, Waldraststätte „Altes Forsthaus" (Schmallenberg)

Disc-Golf: Spiel, Sport und Spaß in freier Natur

SCHMALLENBERG-BAD FREDEBURG

Disc-Golf-Park

⭐ **Informationen**
Disc-Golf-Park
Parken und Zugang: Parkstraße/Ecke
In der Schmiedinghausen
57392 Schmallenberg
www.schmallenberger-sauerland.de
Öffnungszeiten: Mo-So, feiertags
10-22 Uhr

Das ist klar: Am Ende kann es nur einen Champion geben. Das ist die Person, die am meisten Wurfgeschick bewiesen hat.

So sind die Spielregeln beim Disc-Golf, einer ungewöhnlichen Kombination aus Ball-Golf und Frisbeespielen. Gewinner wird, wer die wenigsten Versuche brauchte, um seine Scheibe in den Ketten der insgesamt 18 Körbe zu versenken. Im Prinzip einfach: Bei der rund 1 km langen Runde geht es immer der Nummer nach. Vor jedem Korb findet sich die entsprechende Markierung, von der aus die Scheibe auf den Weg gebracht wird. Ist sie gelandet, wird von dieser Stelle weitergeworfen. Bis der Korb schließlich getroffen wurde. Ganz schön herausfordernd: Mit jeder neuen Station

erhöht sich die Entfernung zwischen Korb und Abwurfmarkierung. Das gehört zum Abenteuer dazu: Der Parcours liegt zum größten Teil in einer hügeligen und bewaldeten Landschaft. Festes Schuhwerk ist empfehlenswert. Weitere Informationen und Disc-Golf-Scheiben gibt es beim Verkehrsverein Bad Fredeburg (Am Kurhaus 4, Tel. 02974/7037, ⏰ Mo-Fr 8.30-17 Uhr, Sa 9-12 Uhr) oder beim Landhotel Am Park (In der Schmiedinghausen 36), das sich unweit der Disc-Golf-Anlage befindet. Am Startpunkt steht eine Tafel mit Spielanleitung, den Flyer mit Karte gibt es unter www.schmallenberger-sauerland.de (Rubriken: Familie, Freizeit gestalten).

Tipp: Auf der **Minigolf**-Anlage darf der Ball ganz klassisch eingelocht werden. Der Platz liegt in einer netten Gartenlandschaft mit Teich, an dem Enten und Gänse wohnen. Toll für die Kleinen: Mittendrin steht ein überdachter Sandkasten. Direkt nebenan ist ein kleiner Spielplatz. Am Kiosk gibt es Eis und Waffeln. Kontakt: In der Frettelt, Tel. 0160/90602791, ⏰ April-Oktober bei gutem Wetter Mo-Fr 13-19 Uhr, Sa, So, feiertags und in den NRW-Ferien 10-19 Uhr.

>> **In der Nähe**
Besteckmuseum, Bike-Parcours, Gerichtsmuseum, Holzerlebnisparcours, Sauerlandbad, Schieferbergbau- und Heimatmuseum, Thikos Kinderland, Waldraststätte „Altes Forsthaus" (Schmallenberg)

SCHMALLENBERG-BAD FREDEBURG

Sauerlandbad

☆ **Informationen**

Sauerlandbad

Sportzentrum 1

57392 Schmallenberg

Tel. 02974/96800

www.sauerland-bad.de

Öffnungszeiten: Mo 14-22 (in den NRW-Ferien ab 10 Uhr), Di-Fr 10-22 Uhr, Sa, So, feiertags 9-22 Uhr

Erfrischend anders. Das Sauerlandbad ist tatsächlich mehr als „nur" ein Hallenbad. Es ist ein familienfreundliches Freizeitbad mit Saunawelt und abwechslungsreichen Badelandschaften. Hier dürfen Badegäste gegen den Strom schwimmen, sich gemütlich im Whirlpool strecken, im Thermalbecken entspannen, durch den 30 °C warmen Erlebnisbereich sprudeln, feinste Tropfen in der Regengrotte genießen, einen Zeh oder mehr ins „eisige" Tretbecken halten, ein Dampfbad zelebrieren oder einfach gemächlich durchs Schwimmerbecken kraulen. Für die Pause zwischendurch stehen

ausreichend Liegeplätze bereit. Ganz Mutige haben die Qual der Wahl, da direkt zwei Rutschen ins kühle Nass führen: Die über 100 m lange Riesen-Reifen-Rutsche „Magic Eye" oder die „High-Speed-Turbo-Rutsche", auf der immerhin bis zu 70 km/h erreicht werden können. Langsamer sausen Kleinkinder im Kinderbereich ins Wasser. Neben einer Rutsche locken Spitztiere, Spielzeug und Blubberquellen. Kleinkinderfreundliche Ausstattung inklusive:

In der Po(o)le-Position:
Fröhliche Auszeit im Whirlpool

Schwimmflügel liegen zum Ausleihen bereit. Ein Wickeltisch steht direkt am Planschbecken. Und wer die Schwimmwindel vergessen hat, kann sich an der Kasse für kleines Geld eindecken. Hunger oder Durst? An der Bar im Schwimmbad gibt es Snacks und Getränke. Prima: Familien finden separate Umkleidekabinen mit Möglichkeit zum Windelwechseln. Auch toll: Das Bad ist barrierefrei und hat behindertengerechte Umkleidekabinen. Mithilfe eines Lifts kommen körperlich beeinträchtigte Badegäste bequem ins Wasser.

Tipp: Große und kleine Geburtstagskinder haben an ihrem Ehrentag freien Eintritt ins Bad. Sie dürfen schwimmen, so lange sie wollen und das kostet sie nichts. Für Überprüfungszwecke: Kinder-, Schüler- oder Personalausweis bitte nicht vergessen.

>> **In der Nähe**
Abenteuerspielplatz „Wilde 13",
Besteckmuseum, Bike-Parcours,
Disc-Golf-Park, Gerichtsmuseum,
Holzerlebnisparcours, Schieferbergbau- und Heimatmuseum, Thikos Kinderland, Waldraststätte „Altes Forsthaus" (Schmallenberg)

Mit Karacho über die Ziellinie: Auf der Riesen-Reifen-Rutsche „Magic Eye" und der „High-Speed-Turbo-Rutsche" gibt es keine Notbremse

SCHMALLENBERG-GLEIDORF

Abenteuerspielplatz „Wilde 13"

> ⭐ **Informationen**
> Abenteuerspielplatz „Wilde 13"
> Parkplatz: kurz vor dem
> „Raiffeisenmarkt", Bahnhofstraße/
> Ecke Kirchstraße (über den Fahrrad-
> weg geht es zum Spielplatz)
> 57392 Schmallenberg

Wie Superman über die Wiese fliegen, Mogli und Balu im Baumhaus besuchen, Käpt'n Sharky beim Rutschen zuwinken, … die 4000 qm² große Erlebnislandschaft „Wilde 13" ist nicht irgendein Spielplatz. So kunterbunt die Spielgeräte, so vielseitig die Möglichkeiten: Kraxeln, rutschen,

buddeln, matschen, balancieren, schaukeln – das Gelände ist ein Eldorado für Kinder aller Altersgruppen – und in gewisser Weise auch für Eltern. Das Angebot macht einfach Laune: Auf drei Ebenen finden sich Pfahlhütten mit Hängebrücken, ein Kletter-Parcours, eine 45 m lange Seilbahn, eine 6er Partnerschaukel, eine Rutsche für zwei, ein Bolzplatz, ein Kleinkinderbereich, beschattete Sitzmöglichkeiten – und vieles mehr. Insbesondere eine große Sand- und Wasserspielwelt mit Pumpen und Rinnen, eingebettet in eine anmutige Felslandschaft. Ideal für ausgiebige Wassersandmatsch-Experimente. Spielt das Wetter mit, kann man hier gut und gerne den ganzen Nachmittag verbringen. Einfach Sandspielzeug,

Spielplatz mit großem Entdeckungspotenzial, Eldorado für Kinder aller Altersgruppen:
Spielt das Wetter mit, kann man hier gut und gerne etwas mehr Zeit verbringen

Der Hit an sonnigen Tagen:
große Wasser- und Sandspielecke

Fügsam und gezähmt: Schaukeldrache
im Land der „Wilden 13"

Picknickkorb und Sommerequipment mitbringen – Spiel und Spaß ergeben sich von allein.

Lust auf Rölleken und Waffeln? Nach original Sauerländer Rezeptur? Hunger auf Sandwiches? Ist es Zeit für Kaffe, Tee oder eine Trinkschokolade? Die Wünsche werden im Gleidorfer „Fundhaus" erfüllt. Im kleinen Café im ersten Stock des Secondhand-Warenhauses sitzt man gemütlich in origineller Kulisse. Nebenan und ringsherum liegen Schnäppchen und Schätzchen. Bei Speis und Trank regionaler Unternehmen kann man beherzt in die Runde blicken. Wer sich in seinen Stuhl, das Sofakissen oder ein Deko-Element verliebt, darf einkaufen. Das Prinzip gilt für den Bummel durchs ganze Gebäude.

Unten wie oben gibt es Gebrauchtwaren, Kleidung, Kinderspielzeug, aufpolierte Möbel – einfach Allerlei zu entdecken. Vielleicht ist etwas dabei, das schon lange auf der Einkaufsliste steht. Kontakt: An der Gleier 36a, 57392 Schmallenberg, Tel. 02972/9789777, www.team-impuls-schmallenberg.de, ⏱ Mo-Fr 10-18 Uhr, Sa 10-14 Uhr.

>> **In der Nähe**

Besteckmuseum, Bike-Parcours, Disc-Golf-Park, Gerichtsmuseum, Holzerlebnisparcours, Kyrill-Pfad Schanze, Schieferbergbau- und Heimatmuseum, Thikos Kinderland, Waldraststätte „Altes Forsthaus" (Schmallenberg)

Umgefallenes, abgeknicktes und ineinander verflochtenes Holz glänzt in neuer Funktion

Kyrill-Pfad

⭐ **Informationen**

Kyrill-Pfad
Zugang an der Ranger-Station, am
Dorfende links, Parkplätze vor dem
Ortseingangsschild
57392 Schmallenberg
Tel. 02972/97020
www.schmallenberger-sauerland.de
(Rubriken: Aktiv, Wanderwege)

2007 hat Kyril Mikado gespielt. Allein im Hochsauerland warf der Orkan vier Millionen Festmeter Holz ins Spiel. Heute ist die Ruhe nach dem Sturm ein Erlebnis. Insbesondere im Staatswald bei Schanze. Mit viel Fantasie schufen Ranger einen ordentlichen Weg durch unaufgeräumtes Terrain, den Kyrill-Pfad. Auf dem 1 km langen Rundweg wird das Ausmaß der Naturgewalt abenteuerlich in Szene gesetzt. Die Route führt über Trampelpfade, Stege und Trittleitern einmal durch die Sturmholzfläche, vorbei an imposanten Wurzeltellern, altem und neuem Leben. Das Besondere: Umgefallenes, abgeknicktes und ineinander verflochtenes Holz glänzt in neuer Funktion: als Balancierstange, Brücke, Treppe, Sitzgelegenheit oder Schiffsbug. Wer die Landschaft nach Kyrill aktiv erkunden möchte, sollte nicht nur trittsicher sein, sondern auch etwas Kondition mitbringen. Die Strecke ist ein wahrer Fitnesszirkel. Die Übungen lauten: Hoch, runter, bücken,

Ordentlicher Weg durch unaufgeräumtes Terrain. Toll: 250 Meter Pfad sind barrierefrei

strecken und immer wieder balancieren. Doch keine Bange, den Parcours meistern bereits Kindergartenkinder. Wer widererwartend vor dem Ende schlappmacht, nimmt auf halber Strecke den Nebenausgang. Toll: 250 m Kyrill-Pfad sind barrierefrei. Der Weg führt über einen Holzsteg bis zur Aussichtsplattform. Nach Absprache sind geführte Wanderungen möglich. Die Ranger des Landesbetriebes Wald und Holz NRW informieren unter der Nummer 02972/97020.

Und danach? In der urgemütlichen **Skihütte Schanze** mit Biergarten gibt es durchgehend warme Küche. Ab Dorfmitte sind es rund 300 m zu Brotzeit, Bratkartoffeln, Schnitzel oder Backwerk. Im Winter wird hier Ski gefahren. Kontakt: Tel. 02975/400, www.skihuette-schanze.de. ⏱ Di-Fr ab 11 Uhr, Sa, So ab 10 Uhr. Am Wochenende lohnt ein Stopp im Nachbarort Grafschaft. Auf der **Modellbahn am Rothaarsteig** zeigt sich eindrucksvoll, wie

viel Zeit und Arbeit hinter dem Bau einer 66 qm² großen Modellbahnanlage stecken. Bisher wurden mehr als 7525 Arbeitsstunden in die Fertigstellung der Strecken, Landschaften, Bahnhöfe und Betriebswerke investiert. Das Richtfest ist noch nicht in Sicht. Zu sehen gibt es trotzdem was: Der Verkehr braust bei Tag- und Nachtbetrieb – vom Leitstand werden Bahnen, Autos und Effekte digital in Szene gesetzt. Kontakt: Am Stünzel 4a, Tel. 0171/2144659, www.mbc-schmallenberg.de, ⏱ Sa 14-17 Uhr, So 14-16 Uhr. Ganz in der Nähe ist ein toller **Abenteuerspielplatz** mit Picknickwiese und angrenzender Minigolfanlage. Zu finden im Dorfzentrum („Am Wilzenberg").

>> **In der Nähe**
Abenteuerspielplatz „Wilde 13",
Besteckmuseum, Holzerlebnisparcours,
Thikos Kinderland, (Schmallenberg)

Panorama-Erlebnis-Brücken-Rutsche

Erlebnisberg Kappe

☆ **Informationen**

Erlebnisberg Kappe

Kapperundweg

59955 Winterberg

Tel. 02981/9296433

www.erlebnisbergkappe.de

Die Sport- und Freizeitlandschaft rund um den Erlebnisberg Kappe garantiert vieles, Langeweile gehört nicht dazu. Hier lautet das Motto: Parken, aussteigen und rein ins Vergnügen! Im Einzelnen: die 700 m lange **Sommerrodelbahn**. Rund um die Bahn finden sich unter anderem Trampoline, ein Minigolfplatz, Kinderautos, ein Kiosk sowie eine Freiterrasse mit 200 Sitzplätzen. Hoch

Riesensprünge machen: An der Sommerrodelbahn stehen die Trampoline

hinaus geht es auch auf der **Panorama Erlebnis Brücke** mit angrenzendem Panorama-Restaurant. Der Wanderweg über Sauerländer Baumwipfel ist ganze 20 m hoch und 435 m lang. Die tolle Aussicht auf das Winterberger Umland und das Kappe-Gelände ist dabei nicht der einzige Genuss. Schwankende Konstruktionen wie Brücken und Tunnel machen den Spaziergang zu einem echten Abenteuer. Am Ende geht es in einer 40 m langen Röhrenrutsche wieder abwärts zu einem 700 m langen Naturerlebnispfad mit 14 Mitmach-Stationen.

An der Brücken-Kasse ist dazu ein Waldquiz erhältlich. Hinweis: Die Brücke ist kinderwagenfreundlich. Hinab geht es aber nur über die Rutsche oder eine Treppe. Umständlich mit Buggy und Co. Wer lediglich zum Naturerlebnispfad möchte, findet den Startpunkt oben an der Bobbahn hinter dem Restaurant. Allerdings: Zu Fuß geht's am besten auf die Pirsch.

Rund läuft's im Bikepark Winterberg. Der Ort für Mountainbiker. Über den Erlebnisberg sind auf 9 km insgesamt 9 Strecken mit verschiedenen Anforderungen verteilt. Hinauf geht es mit dem Lift, hinab mit dem Bike. In der Talstation findet sich alles rund ums Thema. Mountainbikes und Schutzausrüstungen stehen zum Verleih bereit. Regelmäßig finden Fahrtechnikkurse und geführte Touren statt. Wer lieber klettert, als rollt, wird im **Kletterwald** fündig. An den 52 Stationen steht der Spaß am klettern, hangeln und balancieren eindeutig im Vordergrund. Die 5 Parcours sind von einfach bis schwierig gestaltet, sodass sowohl Gelegenheitskraxler als auch geübte Kletterer ihre persönliche Herausforderung finden. Eine Einführung gehört zum Konzept. Klettern ist ab 8 Jahren oder einer Mindestgröße von 1,20 m möglich. Toll: Für Kinder bis 7 Jahre gibt es einen eigenen Abenteuerparcours. Am Kletterwald ist auch eine Haltestelle vom Kappe-Express. Gegen ein Entgelt bringt das Bähnchen Gäste zu den Hauptsehenswürdigkeiten der Winterberger Ferienwelt.

Rodeln, Mountainbikefahren, klettern, wandern, Natur entdecken, ... – der Erlebnisberg Kappe ist ein Berg voller Möglichkeiten

Spannung in über 20 Meter Höhe: Die 435 Meter lange Panorama-Erlebnis-Brücke bietet schwankende Extras, Tunnel und Röhren

Und sonst? „Steig aus und wandere" ist das Motto der Auto-Wander-Rundwege von 2 bis 7 km Länge, die direkt am Zugang zum Erlebnisberg starten. Eine Übersichtskarte befindet sich einige Schritte hinter dem Ortseingangsschild von Winterberg. Ein ganz anderer Rundgang ist eine Führung über das Bobbahn-Gelände. Treffpunkt und Termine stehen im Netz oder können telefonisch angefragt werden (s. Infokasten). Nicht zu vergessen: Im Winter lockt der Erlebnisberg mit Winterspaß, Abfahrten für jeden Anspruch, verschiedenen Rodelhängen und Eiskanal-Abenteuern: Mutige ab 16 Jahre können als Gast im Viererbob mit bis zu 130 km/h durch die 1600 m lange Röhre jagen.

Infos: Olympic Bob Race, Tel. 0180/ 5007263, www.olympic-bob-race.de

>> **In der Nähe**

Drehkoite Girkhausen (Bad Berleburg), Hochseilgarten (Medebach), Bauernhofcafé Hoheleyer Hütte, Borgs Scheune, Bullracer, Kahler Asten, Kegel- und Badelandschaft im Landhotel Grimme-blick, Kurpark, Pferdeabenteuer, Summer-Tubing-Bahn, Wintersportmuseum (Winterberg)

WINTERBERG

Spiel, Spaß und Bewegung im Kurpark

★ **Informationen**

Kurparkstuben Korn

Am Kurpark 2

59955 Winterberg

Tel. 02981/6025

www.kurparkstuben-winterberg.de

Öffnungszeiten: täglich 9.30-1 Uhr

Kommen und wandeln. Erste Ziele liegen unweit der „Kurparkstuben Korn" am Park-Eingang. Der Musikgarten für die Sonntagskonzerte im Sommer, eine Kneippanlage sowie Freiluft-Gesellschaftsspiele samt Figuren. Minigolfbahn und **Pit-Pat-Anlage** sind nicht weit entfernt. Hier sind die Bahnen auf Tischen, mit dem Stock wird eingelocht. Ausprobieren ist von März bis Oktober täglich ab 9.30 Uhr bis Mitternacht bei Flutlicht möglich. In den Kurparkstuben gibt es drinnen wie draußen durchgehend Deftiges, Süßes und Extras im Winter: Käse- und Fleischfondues nach Vorbestellung. Im Parkinneren liegt der Spielplatz mit generationenübergreifenden Spielgeräten, rundherum sind befestigte Wege. Die Wegweiser zeigen mögliche Ziele an. Wie den Weg zum Katzenstühlchen, eine in Fels gemeißelte Sitzbank. Daran führt auch der 4,1 km lange **Schluchten- und Brückenpfad** vorbei. Allerdings erst am Ende. Ausgangspunkt ist die Übersichtskarte am Kurhaus (Parkeingang „Bahnhofstraße") unweit der Kurparkstuben. Hinab geht's ins Helletal. Dort liegen die 11 Brücken und diversen Schluchten verborgen, die es zu überbrücken und zu passieren gilt. Getreu dem Namen hat der Pfad seine Höhen und Tiefen. Teilweise geht es steil bergan und zu guter Letzt müssen noch 61 Stufen zurück zum Kurpark erklommen werden. Nichtsdestotrotz: Für wanderfreudige Familien ein spannender Weg, aber bitte mit festem Schuhwerk und ohne Kinderwagen. Der Flyer zum Weg liegt in den Kurparkstuben aus. Tipp: Kindertragegestelle und weiteres Wanderequipment kann man sich im „Best-of-Wandern-Testcenter" ausleihen. Kontakt: Hapimag Ferienresort, Holtener Weg 21, 59955 Winterberg, Tel. 02981/8080, www.best-of-wandern.de

Lust auf Sonntagsshopping? Winterberg macht auf. Nicht immer, aber rund 40 Mal im Jahr von 10-17 Uhr. Auskunft und Termine: Tel.: 02981/92500, www.winterberg.de (Rubriken: Tourismus, Aktuelles). Danach kann ein Abstecher folgen. Der „Kappe-Express" hält regelmäßig mitten im Einkaufszentrum an der „Pforte Winterberg". Von dort kann die Fahrt zum **Erlebnisberg Kappe** (s. S. 166) oder einem anderen Ziel beginnen. Preise, Fahrplan und Infos zu den Stationen: Tel.: 02981/9296433, www.erlebnisbergkappe.de

>> **In der Nähe**

Hochseilgarten (Medebach), Bauernhofcafé Hoheleyer Hütte, Borgs Scheune, Bullracer, Kahler Asten, Kegel- und Badelandschaft Grimmeblick, Pferdeabenteuer, Summer-Tubing-Bahn, Wintersportmuseum (Winterberg)

Wie aus dem Bilderbuch: Stimmung auf
dem Schluchten- und Brückenpfad

WINTERBERG

Pferdeabenteuer ...

★ **Informationen**
Kinder-Pony-Ranch
Am Kuhlenberg
59955 Winterberg
Tel. 0172/6299909
www.kinder-pony-ranch.de
Reiten nach Vereinbarung

Meerschweinchen – und den Tauben auf dem Dach kann man beim Rein- und Rausfliegen zuschauen. Vor dem Haus ist ein kleiner Spielplatz. Kontakt: Am Kuhlenberg 2, 59955 Winterberg, Tel. 02981/3030, www.pferdefuhrhalterei.de

... gibt's am Kuhlenberg direkt im Doppelpack. Jeweils auf spezielle Weise. Auf der **Kinder-Pony-Ranch** dreht sich alles ums Thema Wilder Westen. Hier können Kinder in Holz-Tipis Cowboy und Indianer spielen und natürlich reiten. Auf wahren Indianer-Pferden, Runde für Runde über einen stilechten Round-Pen. Das geführte Ponyreiten ist in der Regel täglich von Frühling bis Herbst nach vorheriger Terminabsprache möglich. Ein etwaiges Zusatzprogramm wie Hufeisenwerfen, Grillen oder Stockbrotbacken wird individuell vereinbart.

Nur einige Meter weiter liegt der Hof der **Pferdefuhrhalterei** Schmitz-Engemann. Hier kommt man sommers wie winters auf den Wagen, vorausgesetzt man bucht eine Fahrt. Im Angebot stehen Kutsch-, Planwagen- und Schlittenfahrten. Ein gemütliches Abenteuer für die ganze Familie oder eine große Gruppe. Zurück gibt es Speis und Trank in der Stall-Schenke. Tipp fürs Wochenende: Einfach mal vorbeischauen, ob die Gastronomie geöffnet ist. Bei Kaffee und Limonade gibt es Kaltblüter und weitere Tiere zu entdecken: Einen neugierigen Ziegenbock, Ponys, einen Esel, Hühner,

Und im Winter? Liegt ausreichend Schnee, findet im Januar oder Februar das **Internationale Schlittenhunderennen** an der Kuhlenbergloipe statt. Übrigens ein guter Ausgangspunkt für eine ausgedehnte Langlauftour. Start und Ziel der insgesamt drei Loipen: Renners Hütte mit Imbiss und Skiverleih. Infos zu Schlittenhunderennen und Loipen: Tel. 02981/6782, www.rennershuette.de

>> **In der Nähe**
Hochseilgarten (Medebach), Bauernhofcafé Hoheleyer Hütte, Borgs Scheune, Bullracer, Erlebnisberg Kappe, Kahler Asten, Kegel- und Badelandschaft im Landhotel Grimmeblick, Kurpark, Pferdeabenteuer, Summer-Tubing-Bahn, Wintersportmuseum (Winterberg)

Kinder-Pony-Ranch: Von Frühling bis Herbst sitzen Cowboys und Indianer auf dem hohen Ross

Ein Wintertraum ist die Schlittenfahrt
durch schneebedeckte Landschaften

WINTERBERG

Bullracer ...

☆ **Informationen**
Bullracer Winterberg
Haarfelder Straße 101
(an der Ruhrquellenhütte)
59955 Winterberg
Tel. 0172/9097353
www.bullracer-winterberg.de
Öffnungszeiten: Anfang Mai – Ende
Oktober Mi-So, feiertags 11-17 Uhr,
in den NRW-Sommerferien bei
gutem Wetter auch Mo, Di

auf der Karte. Kinder finden einen Spielplatz und Riesen-Trampoline. Im Winter watet das **Skigebiet Ruhrquelle** mit Rodel- und Flutlichthang, verschiedenen Pisten, Skiverleih und Skischule mit Kinderland auf. Infos gibt es in der Ruhrquellenhütte. Kontakt: Tel. 02981/3241, www.ruhrquelle.info, ⏱ wie Bullracer-Bahn. Nicht zu vergessen: Nah an der Hütte beginnt ein

Downhill-Spaß auf reizvoller Piste:
Das Tempo bestimmt der Fahrer

... sehen aus wie zu groß geratene Dreiräder. Nur die Pedalen fehlen. Dank eines ausgetüftelten Systems kommt man trotzdem vorwärts. Bullracer sind kippstabile Fahrwerke mit hydraulischen Scheibenbremsen und einer Universalbereifung. Konzipiert für Sommer-Abenteuer auf reizvoller Piste. An der Ruhrquellenhütte funktioniert das so: Nach einer kurzen Einführung werden Fahrer samt Downhillkart gut gesichert per Schlepplift auf den Berg gezogen. Oben angekommen, rastet der Bügel aus und der 300 m lange Abwärtsspaß beginnt. Ob es rasant oder gemächlich nach unten geht, bestimmt jeder persönlich. Wer das drei bis vier Minuten dauernde Erlebnis alleine ausprobieren möchte, sollte 10 Jahre alt sein oder eine Mindestgröße von 1,50 m aufweisen. Wer jünger oder kleiner ist, nimmt als Sozius bei einem Erwachsenen Platz.

Und sonst? In der **Ruhrquellenhütte** direkt nebenan stehen drinnen wie draußen Snacks, Schnitzel, Kuchen, Waffeln und Eis

ausgeschilderter Wanderweg zur 2 km entfernten Ruhrquelle. Ein Abstecher lohnt, da Wanderer nach ungefähr 1 km an der **Erlebnisstation „Wald als Wirtschaftsraum"** vorbeikommen. Das Thema mag trocken klingen, die Aufbereitung ist alles andere als langweilig. Das kleine Freiluft-Museum besteht aus sieben Hütten, die über Stege, Brücken, Seile und andere Konstruktionen miteinander verbunden sind. Wer sich durchs Hütten-Dorf klettert, findet in jedem Häuschen anschauliche Informationen zur Arbeit von Zimmerleuten, Schreinern, Holzwerkstoffen und den diversen Nutzungsmöglichkeiten von Holz. Tipp für Autofahrer: Ab Ruhrquellenhütte Richtung Medebach/Küstelberg bis zum Wanderparkplatz „Ruhrquelle" fahren. Ab da sind Quelle und Erlebnisstation bequem zu Fuß zu erreichen.

>> **In der Nähe**

Hochseilgarten (Medebach), Bauernhofcafé Hoheleyer Hütte, Borgs Scheune, Erlebnisberg Kappe, Kahler Asten, Kegel- und Badelandschaft im Landhotel Grimmeblick, Kurpark, Pferdeabenteuer, Summer-Tubing-Bahn, Wintersportmuseum (Winterberg)

Rund um den Herrloh ...

☆ Informationen

Tubing-Bahn

Rodellift Astenstraße

Parkplatz: In der Büre, Höhe der

Ferienanlage „Der Brabander"

(Am Waltenberg 65)

59955 Winterberg

Tel. 02981/3249

www.tubing-fun.de

Öffnungszeiten: Mai/Juni: Sa, So, feier-

tags 10-18 Uhr, Juli/August: Mo-So,

feiertags 10-18 Uhr, September/

Oktober: Sa, So, feiertags 10-18 Uhr

... ist einiges los. Auf der **Sommer-Tubing-Bahn** rotieren Mutige auf einem luftgepolsterten Ring mit Spezialreifen durch eine Bahn mit vier Steilkurven 200 Meter den Berg hinab. Das ist sicher: Der Untergrund der Bahn besteht aus speziellen Matten, die anfangs für Beschleunigung, weiter unten für sicheres Abbremsen sorgen. Ausprobieren ist ab 6 Jahren möglich.

Wenige hundert Meter weiter thront oben auf dem Herrloh die **St. Georg-Sprungschanze**. Auf der Ganzjahressprunganlage finden immer wieder internationale und nationale Springen statt. Wer möchte, kann einen Blick von der 22 m hohen Aus-

Sommer-Tubing-Bahn in den schönsten Farben

sichtsplattform riskieren. Im Panorama-Restaurant „Schanzentreff" mit großem Biergarten auf der Südseite kann man nicht nur Crêpes oder Rustikales genießen. Zusätzlich hat man eine famose Aussicht auf die Winterberger Landschaft. Nebenan ist ein kleiner Mini-Spielplatz. Kontakt: Tel. 02981/81010, www.schanze.de, ⏱ tgl. ab 11 Uhr, außerhalb der Saison montags Ruhetag.

Wintertipp: Ob rodeln oder skifahren, ob Anfänger oder Fortgeschrittener – im **Skigebiet Herrloh** gibt es für jeden Geschmack das passende Angebot. Super für

Kinder: Das Kinderland mit großer Spielwiese, bunten Figuren, Tipi und unterschiedlichen Parcours. Info: Skiliftkarussell Winterberg, Schneehotline: 02981/802998, www.skiliftkarussell.de

>> **In der Nähe**
Hochseilgarten (Medebach), Bauernhof-café Hoheleyer Hütte, Borgs Scheune, Bullracer, Erlebnisberg Kappe, Kahler Asten, Kegel- und Badelandschaft im Landhotel Grimmeblick, Kurpark, Pferdeabenteuer, Wintersportmuseum (Winterberg)

WINTERBERG-ELKERINGHAUSEN

Kegel- und Badelandschaft im Landhotel Grimmeblick

✩ **Informationen**

Landhotel Grimmeblick

Am langen Acker 5

59955 Winterberg

Tel.02981/92660

www.grimmeblick.de

Ein Landhotel Grimmeblick, viele originelle Angebote. Das können auch Tagesgäste nach Reservierung erleben: Auf der Zechenkegelbahn sind die Spielregeln wie andernorts gleich, das Ambiente ungewöhnlich anders. Hier fahren die Gäste zum Kegeln und Gruseln in einen nachgebauten Stollen ein. Der Spuk hat System: so schaurig-schön die Dekoration, so unheimlich die Effekte. Mal kommen die Geister, mal rumpelt's, mal raucht's – je nachdem wie viele Kegel fallen. Mehr wird an dieser Stelle nicht verraten. Kein Geheimnis ist, dass es im Hotelgarten eine 800 qm² große Badelandschaft in exotischer Kulisse gibt. Herzstück des Ganzen ist das 29 °C warme Meerwasserschwimmbad mit Gegenstromanlage, Schwallbrause und heißen Quellen. Am feinen Sandstrand kommen wahre Urlaubsgefühle auf. Von Mai bis September können Kinder ab 12 Jahren Tauchunter-

Exotische Badelandschaft im Hotelgarten

Zechenkegelbahn mit Gruseleffekten

richt nehmen. Tipp für Eltern: Zum Hotel gehören verschiedene Saunawelten sowie ein Wellnessbereich. In den Restaurants finden abends oftmals Dinnershows statt. Die Termine stehen im Internet.

Zum Kombinieren nah: Elkeringhausen hat auch eine echte alte Zeche „Elend". Der rund 8,3 km lange **„Historische Wanderpfad"** führt an ihr und anderen geschichtlich bedeutenden Orten des Dorfes vorbei. Den Flyer zum Weg gibt es im Haus des Gastes. Kontakt: Im Orketal, ⏱ Mo, Di, Do, Fr 9.30-11.30 Uhr, 14.30-16 Uhr, Mi, Sa 9.30-12 Uhr. Hier parken auch die gut, die direkt nebenan durch den Kurpark mit **Freizeitanlage** bummeln

möchten. Wer kommt, findet Spazierwege, einen netten Spielplatz, zwei Boule-Plätze, einen See mit Picknickmöglichkeiten, Ruderbootverleih und einige zutrauliche Enten.

>> **In der Nähe**
Erlebniswelt Center Parcs Park Hochsauerland, Ferienhof „Zur Hasenkammer", Greten Hof, Hochseilgarten, Medebacher Bucht (Medebach), Borgs Scheune, Bullracer, Erlebnisberg Kappe, Kahler Asten, Kurpark, Pferdeabenteuer, Summer-Tubing-Bahn (Winterberg)

Allgemeine Informationen

Naturpark Rothaargebirge
Zweckverband Naturpark
Rothaargebirge
Am Rothaarsteig 1
59929 Brilon
Tel. 02961/943223
naturparke@hochsauerlandkreis.de
www.naturpark-rothaargebirge.de

Rothaarsteig
Rothaarsteigverein e. V.
Poststraße 7
57392 Schmallenberg
Tel. 02972/97400
info@rothaarsteig.de
www.rothaarsteig.de

Sauerland
Sauerland-Tourismus e. V.
Johannes-Hummel-Weg 1
57392 Schmallenberg
Servicehotline für Buchungen,
Anfragen oder Prospektbestellungen:
Tel. 02974/202190
Täglich von 8-22 Uhr
info@sauerland.com
www.sauerland.com

Siegerland-Wittgenstein
Touristikverband
Siegerland-Wittgenstein e. V.
Koblenzer Straße 73
57072 Siegen
Tel. 0271/3331020
Öffnungszeiten: Mo-Fr 9-17 Uhr
tvsw@siegen-wittgenstein.de
www.siegerland-wittgenstein-tourismus.de

Informationen zu Städten und Gemeinden

Bad Berleburg
Bad Berleburg Markt
und Tourismus e. V.
Poststraße 44
57319 Bad Berleburg
Tel. 02751/93633
Öffnungszeiten: Mo-Fr 9-17 Uhr,
Sa 10-12.30 Uhr
info@bad-berleburg-tourismus.de
www.touristik-bad-berleburg.de

Bad Laasphe
Tourismus, Kur und
Stadtentwicklung (TKS)
Bad Laasphe GmbH im Haus des Gastes
Willhelmsplatz 3
57334 Bad Laasphe
Tel. 02752/898
Öffnungszeiten: Mo-Fr 9-12.30 Uhr,
13.30-17.30 Uhr, Sa 10-12
info@tourismus-badlaasphe.de
www.tourismus-badlaasphe.de

Erndtebrück
Touristinformation Erndtebrück
Rathaus
Talstraße 27
57339 Erndtebrück
Tel. 02753/605111
Öffnungszeiten: Mo-Do 8-12.30 Uhr,
14-16 Uhr, Fr 8-12.30 Uhr
h.trettin@erndtebrueck.de
www.erndtebrueck.de

Hallenberg
Touristik- und Marketing GmbH
Touristikbüro im Infozentrum Kump am
Marktplatz
Petrusstraße 2
59969 Hallenberg
Tel. 02984/8203

Öffnungszeiten: Mo-Sa 10-12, Mo, Di,
Do Fr 15-17 Uhr
info@hallenberg-tourismus.de
www.hallenberg-tourismus.de

Hilchenbach
Touristik-Information
Markt 13
57271 Hilchenbach
Tel. 02733/288133
Öffnungszeiten: Mo-Mi 7-16.30 Uhr,
Do 7-18 Uhr Fr 7-12.30 Uhr
touristinfo@hilchenbach.de
www.hilchenbach-tourist.de

Kreuztal
Tourist Information
Rathaus Stadt Kreuztal,
SG Wirtschaftsförderung und Touristik
Siegener Straße 5
57223 Kreuztal
Tel. 02732/51435
Öffnungszeiten: Mo-Mi 8.30-12 Uhr,
13.30-15.45, Do 8.30-12 Uhr,
13.30-17 Uhr, Fr 8.30-13 Uhr
m.haeusig@kreuztal.de
www.kreuztal.de

Lennestadt/Kirchhundem
Tourist-Information
Lennestadt & Kirchhundem
Hundemstraße 18
(im Bahnhofsgebäude)
57368 Lennestadt
Tel. 02723/608800
Öffnungszeiten: Mo-Fr 9-18 Uhr,
Sa 9-13 Uhr
info@lennestadt-kirchhundem.de
www.lennestadt-kirchhundem.info

Medebach
Touristik-Gesellschaft Medebach mbH
Marktplatz 1
59964 Medebach

Tel. 02982/9218610
Öffnungszeiten: Mo-Fr 9-13 Uhr,
14-17 Uhr, Sa 9.30-12 Uhr
info@medebach-touristik.de
www.medebach-touristik.de

Netphen
Kultur- und Touristikbüro Netphen
Amtsstraße 2-6 (Rathaus)
57250 Netphen
Tel. 02738/603111
Öffnungszeiten: Mo-Fr 8.15-12.30 Uhr,
Mo, Di 13-15.45 Uhr, Mi 13-15 Uhr,
Do 13-16.45 Uhr
l_groos@netphen.de
www.netphen.de

Schmallenberg
Kur- & Freizeit GmbH
Schmallenberger Sauerland
Poststraße 7
(im Holz- und Touristikzentrum)
57392 Schmallenberg
Tel. 02972/97400
Öffnungszeiten: Mo-Do 9-17 Uhr,
Fr 9-18 Uhr, Sa 9.30-13 Uhr,
von Mai-Okt. So 10-13 Uhr
info@schmallenberger-sauerland.de
www.schmallenberger-sauerland.de

Winterberg
Tourist-Information Winterberg
Hauptstraße 10
59955 Winterberg
Tel. 02981/92500
Öffnungszeiten: Mo-Do 9-17.30 Uhr,
Fr 9-18 Uhr, Sa 10-16 Uhr, So 10-15 Uhr
(nur an verkaufsoffenen Sonntagen)
info@winterberg.de
www.winterberg.de

REGISTER

Kirchhundem

Kreuztal

Lennestadt

Medebach

Netphen

Schmallenberg

Winterberg

BILDNACHWEIS

Aktiv im Sauerland GbR 148, 149

Altes Forsthaus 60

Bildkonzepte Marco Berg 43 u., Umschlag

Birlenbach, Anke 22 r., 23

Bücker, Heidi 26, 27, 52 u., 131, 135

C.+A. Klante GbR 178/179

Center Parcs Germany GmbH 146, 147

Elspe-Festival 144, 145

Freilichtbühne Hallenberg e. V. 6 l., 92, 93

Freizeitbad Netphen 150, 151 o.

GALILEO-PARK 104, 105, Umschlag

Gästeinformation Schmallenberger Sauerland 156, 157

Grosche, Meike 28, 29

Heimatverein Arfeld 76

Henneke, Franz-Hermann 120, 121 u.

Landhotel Grimmeblick 180, 181

Naturerlebnisbad Saalhausen 40, 41

Pilzkundliches Museum 80, 81 l.

SauerlandBad GmbH 56 r., 160, 161

Schmitz-Engemann, Ralph 174/175

Sportpark, cst-medien 151 u.

Stadt Berleburg 128/129

Stadt Hilchenbach 22 l., 24/25

Stadt Netphen 54

Stracke, Sigrun 163

Thikos Kinderland 155

Tillmann, Jörg 13

TKS – Tourismus, Kur und Stadtentwicklung Bad Laasphe GmbH 82

Verkehrsverein Winterberg 171

Walther, Volker 6 r., 83

Wander- und Heimatfreunde Banfetal e. V. 84/85, 85 o.l.

Alle übrigen Fotos: Eva-Nadine Wunderlich

Natur erleben

Die Erlebnisführer-Reihe zu den Nationalen Naturlandschaften

Natur erleben – NRW
410 Seiten, broschiert, zahlreiche
farbige Abbildungen, 14,95 €
ISBN 978-3-8375-0606-8

Natur erleben – Gesamtausgabe
11 Bände, broschiert, zahlreiche
farbige Abbildungen, 119 €
ISBN 978-3-8375-0599-3

Die Natur zu erfahren und zu genießen, dazu bedarf es keiner langen Reisen. Denn die schönsten Landschaften liegen praktisch vor der Haustür. Diese Buchreihe lädt dazu ein, die Naturparke und Nationalparks der einzelnen Bundesländer zu entdecken.

„Natur erleben" stellt erstmals diese herausragenden Naturlandschaften im Zusammenhang dar. Die reich bebilderten Bände führen zu den schönsten Orten und Ausflugszielen und informieren über Tiere und Pflanzen sowie über Geschichte und Kultur.

Abwechslungsreiche Routenvorschläge für Wanderungen, Fahrrad-, Kanu- und Inlinetouren dienen als Wegweiser und ermöglichen ein aktives Naturerleben sowie die Regeneration von Körper und Geist.

Zu den Besonderheiten der Regionen, die es zu entdecken gilt, zählen auch regionaltypische Produkte und gastronomische Angebote. Darüber hinaus werden vielfältige Informationen zu unterschiedlichen Übernachtungsmöglichkeiten geboten.